广州珠江黄埔大桥
建设与创新

CONSTRUCTION AND INNOVATION OF HUANGPU BRIDGE OVER PEARL RIVER IN GUANGZHOU

张少锦 主编

人民交通出版社
China Communications Press

内 容 提 要

本书以图片结合文字的形式直观地记录广州珠江黄埔大桥建设与创新的历程，主要介绍工程的设计要点、施工工艺和科研创新，以期推广广州珠江黄埔大桥工程建设过程中的经验和创新成果。

本书可供从事桥梁设计、施工和科研等桥梁建设的技术人员参考使用，也可供对桥梁有兴趣的人员欣赏与参考。

书中个别工艺图片可能涉及部分专利或知识产权，请审慎借鉴。

图书在版编目(CIP)数据

广州珠江黄埔大桥建设与创新/张少锦主编. —北京：人民交通出版社，2009.10

ISBN 978-7-114-07927-6

Ⅰ.广… Ⅱ.张… Ⅲ.公路桥-桥梁工程-广东省 Ⅳ.U448.14

中国版本图书馆CIP数据核字（2009）第131865号

书　　名　广州珠江黄埔大桥建设与创新
著 作 者　张少锦
责任编辑：沈鸿雁　王文华
出版发行：人民交通出版社
地　　址：（100011）北京市朝阳区安定门外外馆斜街3号
网　　址：http://www.ccpress.com.cn
销售电话：（010）59757969，59757973
总 经 销：北京中交盛世书刊有限公司
经　　销：各地新华书店
印　　刷：北京市凯鑫彩色印刷有限公司
开　　本：889mm×1194mm1/16
印　　张：14
插　　页：1
版　　次：2009年10月　第1版
印　　次：2009年10月　第1次印刷
书　　号：ISBN 978-7-114-07927-6
定　　价：150.00元

本书编写单位及编写人员

编写单位：广州交通投资集团有限公司
广州珠江黄埔大桥建设有限公司

主　　编：张少锦

参编人员：陈　红　张太科　严宗雪　李纬纬　刘媛媛

工程摄影：张少锦　等

争豪气，架长桥，看我辈儿郎领浪潮。
东南拓展做先锋开路，手挥神斧，踏平坎坷。
拨雾穿霾，抛绳挂索，似引长虹上碧霄。

大桥

广州珠江黄埔大桥项目，拥有——
世界整体式梁最宽、华南地区跨径最大的钢箱梁悬索桥，
建成后国内跨径最大的独塔双索面钢箱梁斜拉桥，
采用世界最大移动模架施工的连续梁和连续刚构，
国内第一座双洞八车道高速公路长隧道。
黄埔大桥有“华南第一桥”之称。

桥是一部浓缩的历史，它见证了一个国家和城市的经济与科技发展；
桥是一种不懈的追求，它激励着开拓者创造出一个又一个人间奇迹；
桥是一段古老的文化，它记载着人类征服天堑的智慧、力量和希望。

历经8年的工程筹备，历经43个月的紧张建设，历经百余次的严格评审，历经千余次的悉心测量，历经万余次的精确计算……广州珠江黄埔大桥蕴含了南粤人民的务实和创新精神品格，她的建设倾注了各级政府部门和社会各界的热情关怀和殷切希望，倾注了广大建设者的聪明才智和无私奉献。2008年11月，珠江黄埔大桥终以高标准、高质量、高速度顺利建成，她标志着京珠高速公路大动脉实现全线贯通。

珠江黄埔大桥是华南地区规模最大、技术含量最高的桥梁，她体现了我国桥梁建设的先进水平。珠江黄埔大桥架起的是一座具有品牌特征和历史特征的优质桥、精品桥、科技桥、和谐桥，更是一条沟通珠江两岸的黄金通道，她为广州东南部和珠江三角洲的经济腾飞插上了翅膀……珠江黄埔大桥犹如一条长虹飞架在流趟千年的珠江水上，刚劲优美、自然和谐。我们不去夸大她的艰辛，不去炫耀她的辉煌，她的无比恢弘凝聚了全体建设者为之付出的心血。

谨以此书，直观记录珠江黄埔大桥建设的艰辛岁月和创新历程……

编　者

2009年6月

黄埔飞虹
智慧珠光

——何继善院士题

目录

CONTENTS

第1篇 工程概况

第2篇　建设与创新

第3篇　工程记忆

第1篇

工程概况

广州珠江黄埔大桥为京珠国道主干线广州绕城公路东段，也是珠江三角洲经济区环形高速公路的东段和广州市高速公路网二环路的东段，是经国家批准的重大建设项目。工程位于广州东南面，起于广州市萝岗区火村，与广州北二环高速公路及广深高速公路相接，终点位于番禺区化龙镇，与广珠东线高速公路及广明高速公路相接，路线全长18.694km。工程按高速公路标准建设，路基宽度34.5m，设计速度100km/h，批准概算41.15亿元，批复工期4年。珠江黄埔大桥于2005年4月全面开工，于2008年11月建成并通过验收。

广州珠江黄埔大桥项目在国道主干线公路网及广东省、广州市区域公路网中占有重要位置，对实现广州“北优南拓、东调西联”的战略及促进珠江三角洲经济发展有着极为重要的意义，项目建成通车后，京珠高速公路将实现真正意义上的全线贯通。

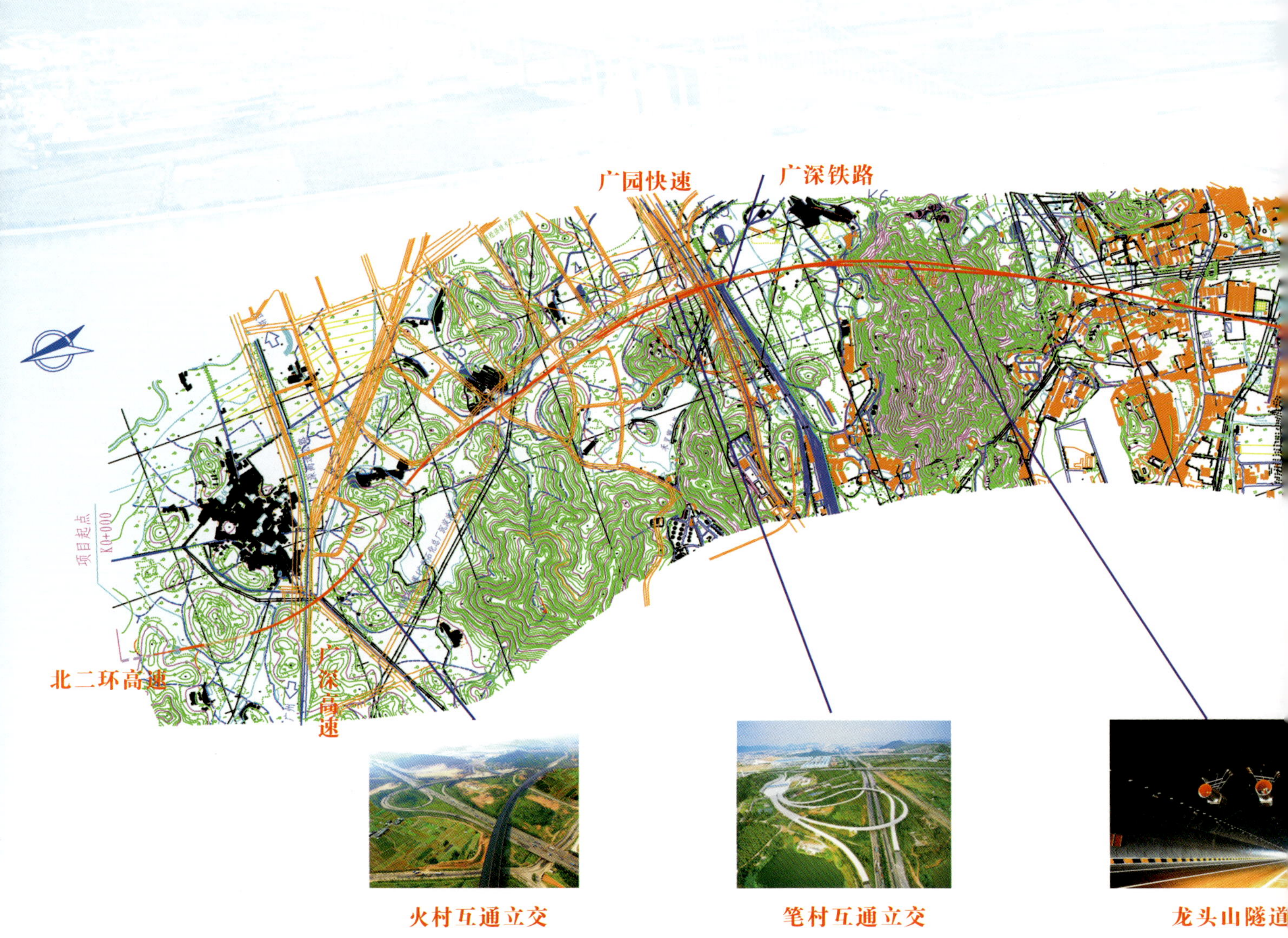

火村互通立交

笔村互通立交

龙头山隧道

北
京珠高速公路
广州珠江黄埔大桥

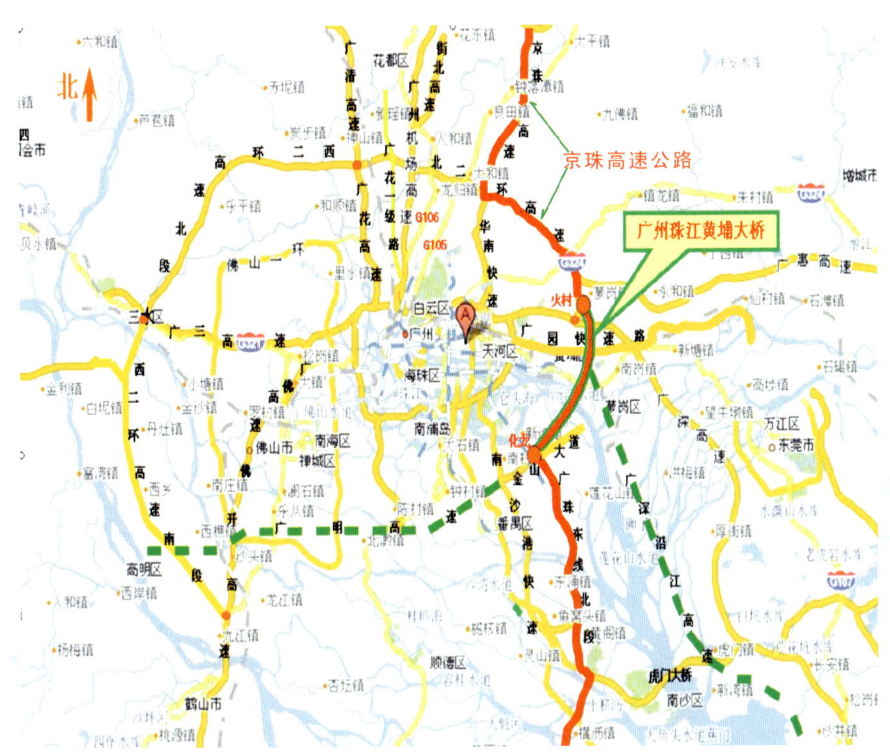

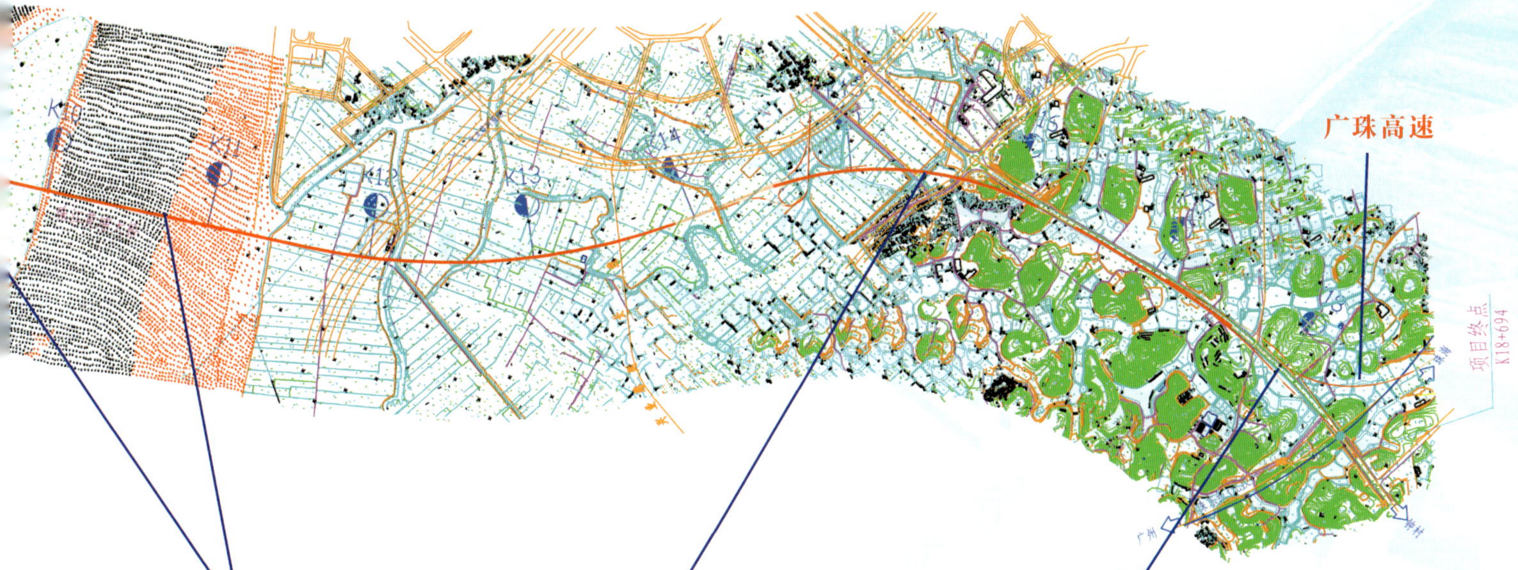
广珠高速
项目终点
K18+694

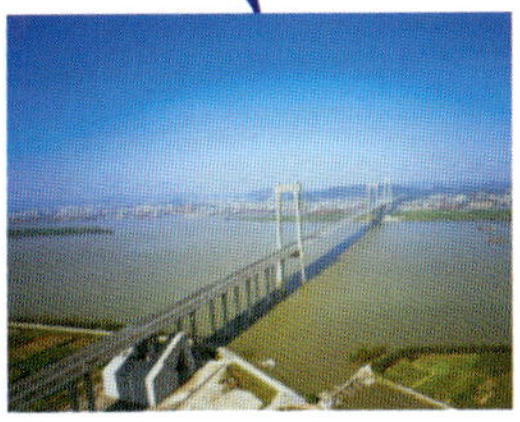

黄埔大桥

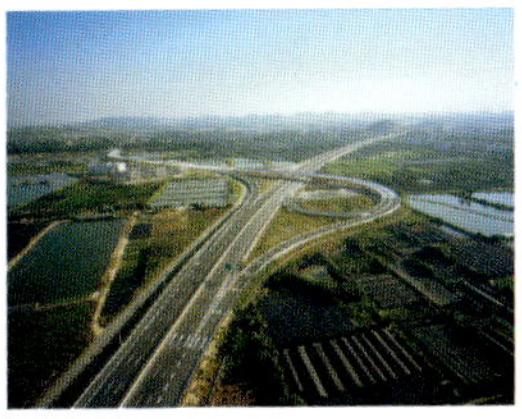

草堂互通立交

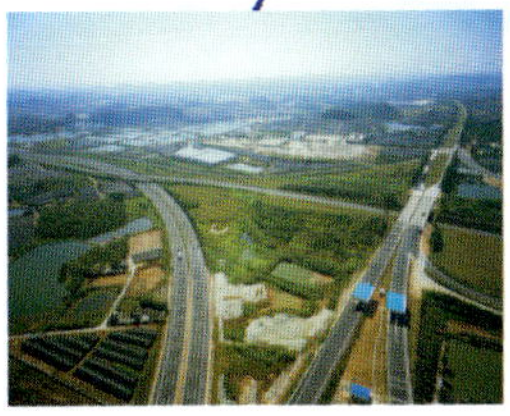

化龙互通立交

1.1 北引线

1

1. 笔村互通立交　2. 火村互通立交　3. 鸡啼坑大桥　4. 斗园路　5. 广深铁路跨线桥

北引线位于萝岗区，总长约5.765km，连接北二环高速、广深高速和广园快速路。主要解决萝岗区和黄埔区进入本项目的交通问题，北引线包括火村互通立交、鸡啼坑大桥、笔村互通立交、广深铁路跨线桥等结构物。

1.2 龙头山隧道

龙头山隧道为国内第一座双洞分离式八车道高速公路长隧道。隧道北出口连接萝岗区笔村立交，南出口连接黄埔大桥引桥，周边有107国道。

1.3 北引桥

北引桥位于黄埔区，跨越广州冶炼厂、广江路和107国道，跨径组合为3.0m+(46m+43m+35m+47m+40m+35m+35m)+2×(6×45m)+(45m+4×62.5m)+2×(5×62.5m)，桥头连接龙头山隧道，并与广深沿江高速公路互通，设官田互通立交。

1.4 黄埔大桥主桥

黄埔大桥主桥图（斜拉桥+中引桥+悬索桥）

1.5 北汉斜拉桥

北汉斜拉桥跨越繁忙的珠江菠萝庙水道，为383m+322m不对称半飘浮体系的独塔双索面钢箱梁斜拉桥，通航净空为280m×55m。斜拉桥建成后在同类型桥梁中跨径暂居国内第一。

斜拉桥夜景图

1.6 南汉悬索桥

南汉桥跨越珠江主航道，设计为单跨钢箱梁悬索桥，大桥主跨1108m，为华南地区跨径最大的钢箱梁悬索桥，通航净空为469m×60m，可满足6万吨级海轮和30万吨级油轮通航。

1.7 南引桥

南引桥位于番禺区化龙镇，跨越水网地带农田保护区，跨径组合为(6×62.5m)+2×(5×62.5m)+(4×62.5m+45m)+2×(6×45m)+(5×45m+30m)+2×(6×30m)+3×(7×30m)+3.0m，桥头与草堂互通立交相接。

1.8 南引线

1

1. 化龙互通立交　2. 草堂互通立交

南引线工程位于番禺区化龙镇，总长约4.4km，连接平南高速、广珠东线高速、广明高速，主要解决番禺区出入该项目的交通问题。南引线包括草堂互通立交、化龙互通立交和番禺Ⅱ号大桥等结构物。

2

珠水滔滔升天堑。
建桥技，更高一筹。
望神州，展智筹谋，在赶在超。
创新技，跨越最高。

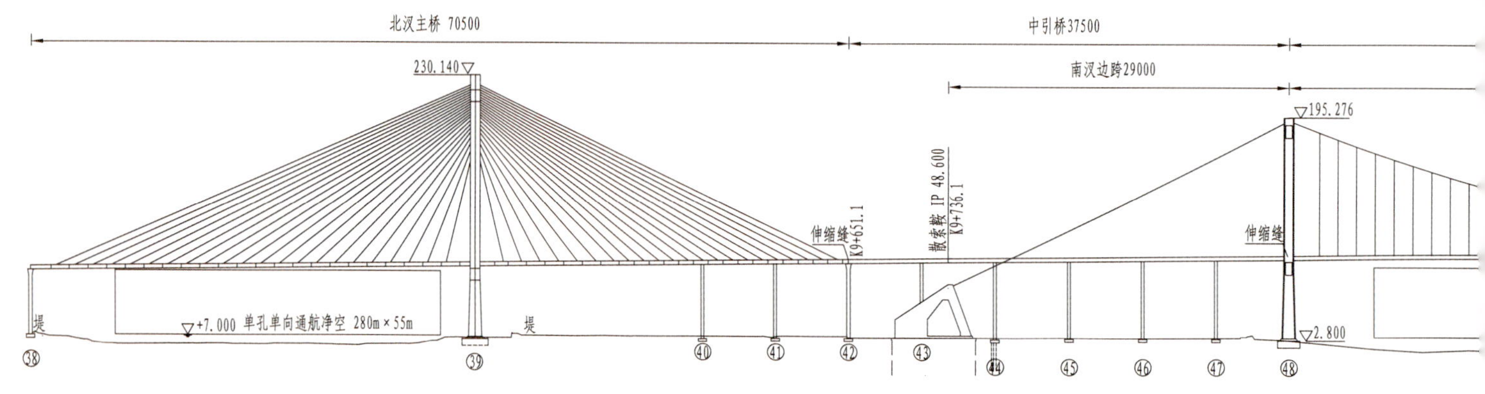

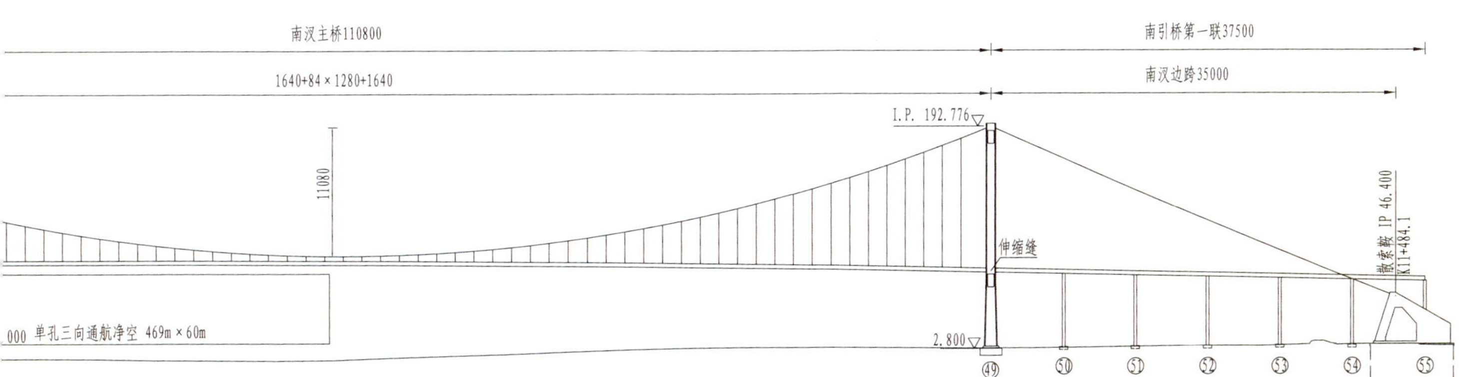

尺寸单位:cm；高程单位:m

第2篇

建设与创新

2.1 斜拉桥

2.1.1 概况

珠江黄埔大桥北汊斜拉桥为跨径组成383m+(197+63+62)m的独塔双索面半飘浮体系钢箱梁斜拉桥，其跨径在国内已建成同类桥梁中暂居第一。斜拉桥桥址区地震烈度为Ⅶ度，按Ⅷ度设防，设计基准风速为20m高处百年一遇10min平均风速38.4m/s。索塔采用门形索塔，钢筋混凝土结构，桥面采用流线型扁平钢箱梁结构，桥面全宽41m，斜拉索采用平行钢丝拉索体系，在梁端设置减振阻尼器。

斜拉桥施工期从2005年4月～2008年10月，总建安费41775万元，1.445万元/m^2。

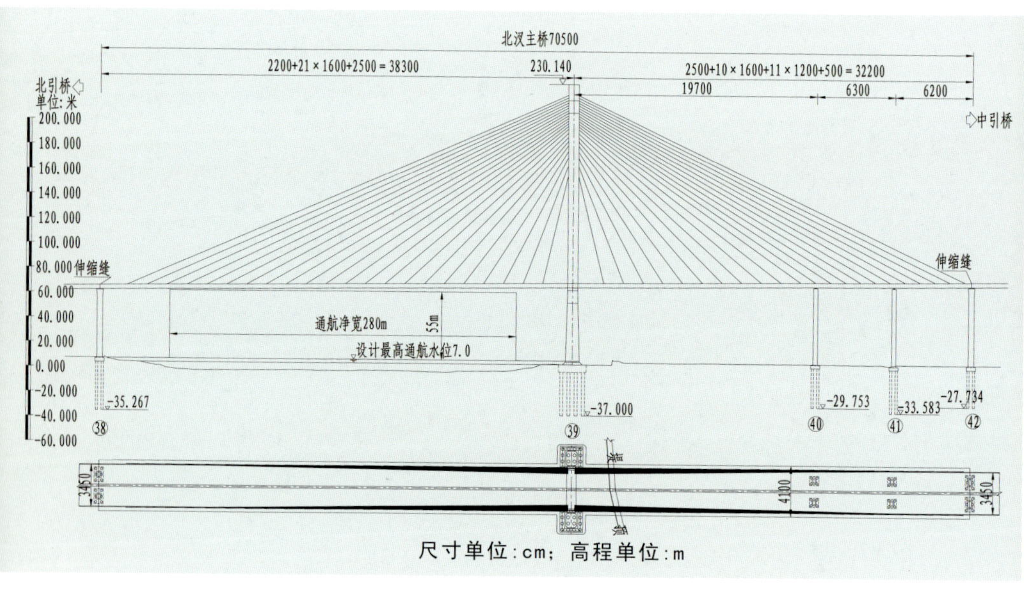

尺寸单位:cm；高程单位:m

斜拉桥全景图

余晖下的斜拉桥

2.1.2 索塔

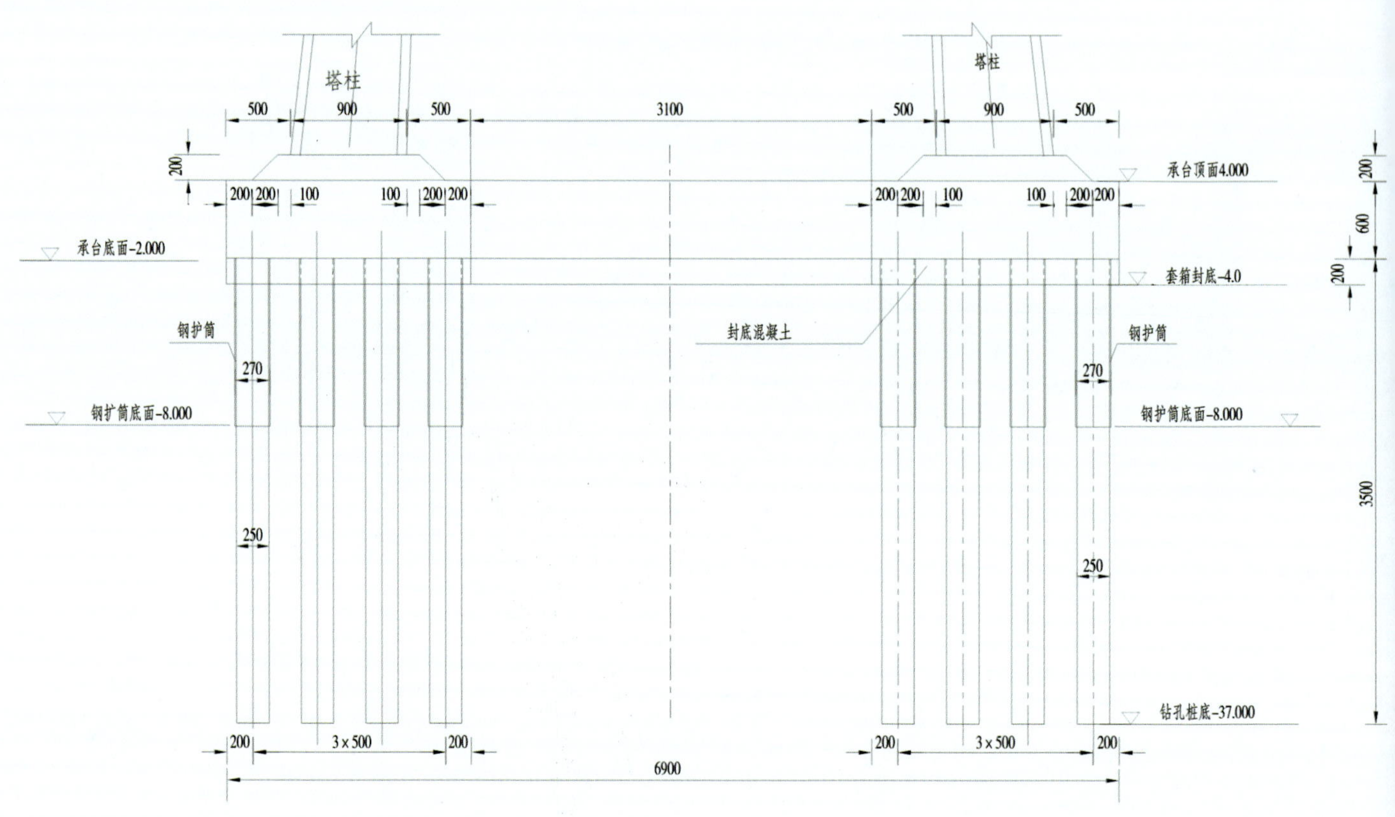

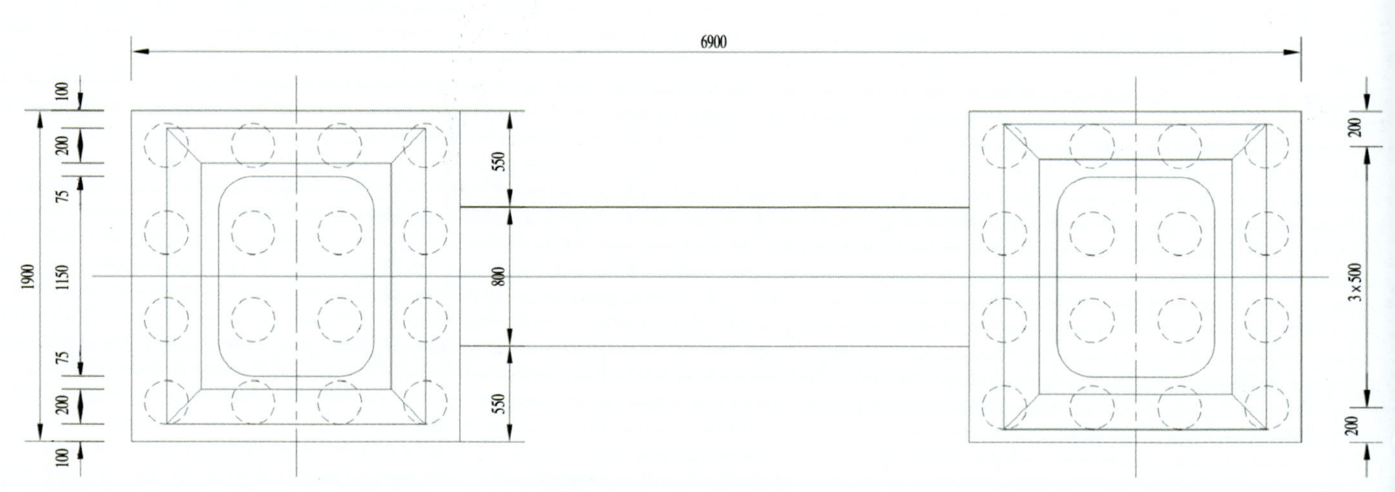

尺寸单位:cm; 高程单位:m

[基础设计]

索塔基础采用哑铃形承台配群桩基础，单个塔柱底承台平面尺寸为19m×19m，厚度为6m，封底混凝土2m厚。两承台之间采用高6m、宽8m系梁联成整体。承台顶设置2.0m厚的塔座，顶部平面尺寸为11m×13m，与承台结合部的平面尺寸为15m×17m。基础采用钻孔灌注嵌岩桩，索塔每塔柱下布置16根直径为2.5m的钻孔桩，桩长约为35m。

[索塔基础施工]

索塔处于江中大濠洲岛的北侧边滩上，施工期墩位处最大潮差为3.7m，采用填砂筑岛法变为陆地施工。桩基础全部采用反循环冲击法成孔，泥浆净化器分离钻渣与泥浆，用吊机分节下放桩身钢筋笼，用垂直提升导管法浇筑桩身水下混凝土。

承台采用钢板桩形成围堰施工，桩长平均18m，钢板桩突破了传统的#行构造，预留较大的施工空间，方便采用长臂挖掘机开挖基坑，大大节省工期。承台分层(2.2m+3.8m)浇筑，混凝土为大体积混凝土，通过配合比优化设计，采用制冷机冷却混凝土拌和用水以控制混凝土高温季节的入模温度、承台内部布设冷却水管并循环通冷却水降温、外表面采用包裹保温保湿法等措施确保大体积混凝土温控满足相关规范要求。

1

1. 桩基施工　2. 承台封底完成　3. 承台混凝土浇筑

2

3

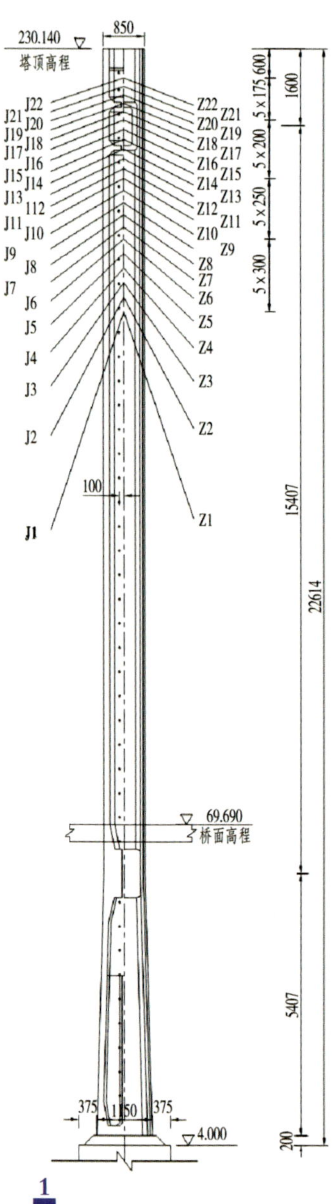
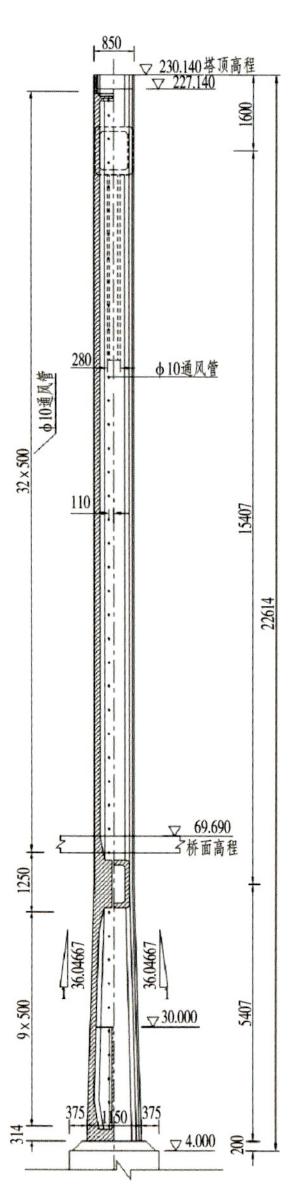
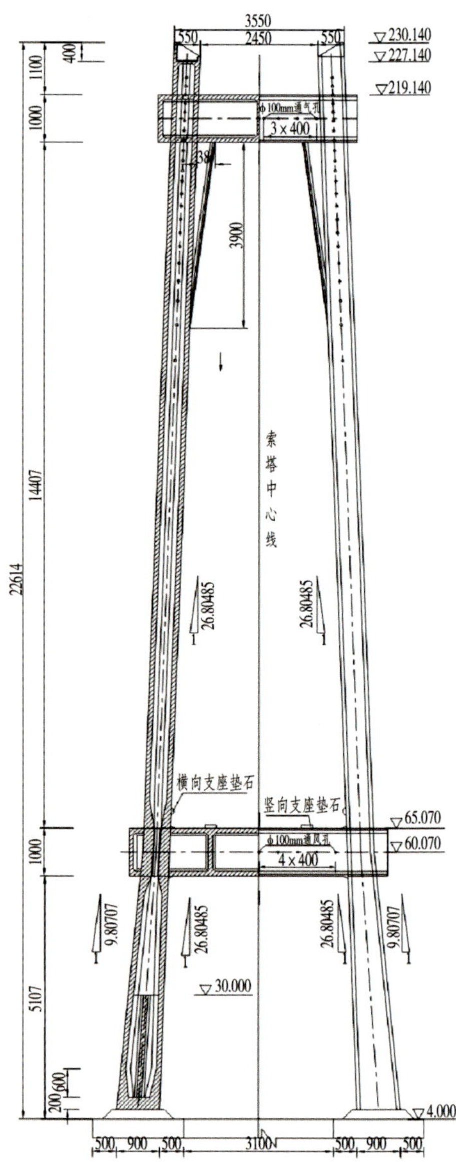

尺寸单位:cm；高程单位:m

1

[索塔设计]

采用钢筋混凝土门形索塔，塔柱自承台顶起的高度为226.14m，自桥面起的高度为160.45m。

塔柱采用矩形空心截面，在四角设置半径为1.5m的圆弧段。上塔柱的断面5.5m×8.5m，壁厚为1.25m和1m，塔底设置4m厚的实体段。下塔柱在高程10～30m的范围内设置1m厚的横隔板进行加强，顺桥向与横桥向各1道，在箱内形成十字撑架。塔柱共设上、下两道横梁，为全预应力混凝土结构，均采用箱形断面，高度10m，上塔柱之间的净距在塔顶为24.5m，外边缘之间的距离为35.5m。为了美观与协调，横梁在塔柱外侧设置了3m长的悬臂。

1. 索塔设计　　2. 索塔建成

[索塔施工]

索塔采用液压爬模施工，并设置主动横撑，标准节段施工高度为4.5m，每个索塔分为52个节段。上下横梁均分两层施工，下横梁采用落地支架法施工，上横梁采用自锚式无水平推力支架施工，具有创新性。

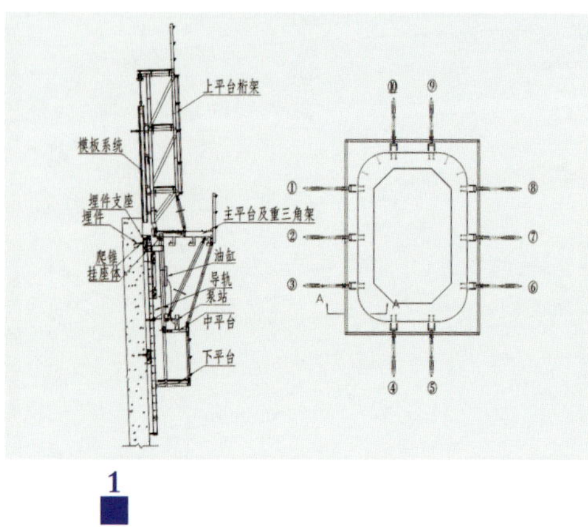

1

2

3

1. 索塔液压爬模　2. 下塔柱施工　3. 钢内模施工　4. 下横梁施工

5

6

7

8

5. 上塔柱施工　6. 环向预应力施工　7. 索导管施工　8. 上横梁施工

2.1.3 钢箱梁安装

斜拉桥共分为52段钢箱梁，钢箱梁全宽41m，高3.5m，标准节段长度为16m，质量为322t，特殊梁段最重345t，每段钢箱梁用两台桥面吊机抬吊，全桥共设四台桥面吊机，单台桥面吊机的额定吊装质量为180t，钢箱梁全部通过桥面吊机直接吊装。

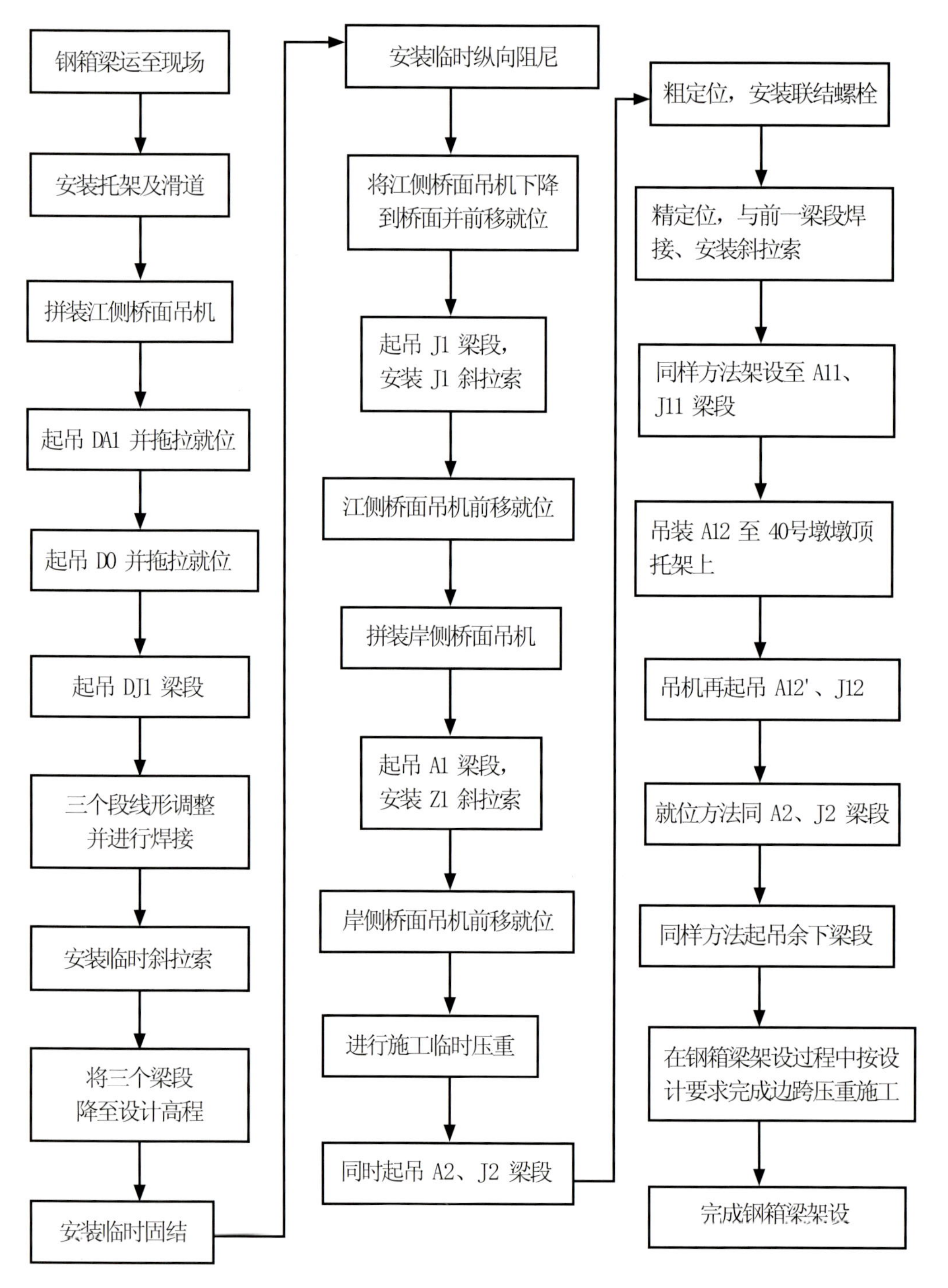

1

1. 钢箱梁架设施工工艺流程图　2. 对称钢箱梁架设

2

[塔区梁段安装]

斜拉桥主跨跨越繁忙的菠萝庙水道，边跨在大濠洲岛上，受大型船坞、浅滩及岸侧孤岛影响，钢箱梁吊装难度非常大。塔区梁段吊装技术难点及创新主要为：采用标准梁段的吊装所用吊装设备，搭设辅助支架，解决了特殊条件下0号、1号块钢箱梁的起吊问题，突破了以往斜拉桥钢箱梁索塔处梁段架设的常规方法，既解决了本项目吊装难题，又具有较大的经济效益。

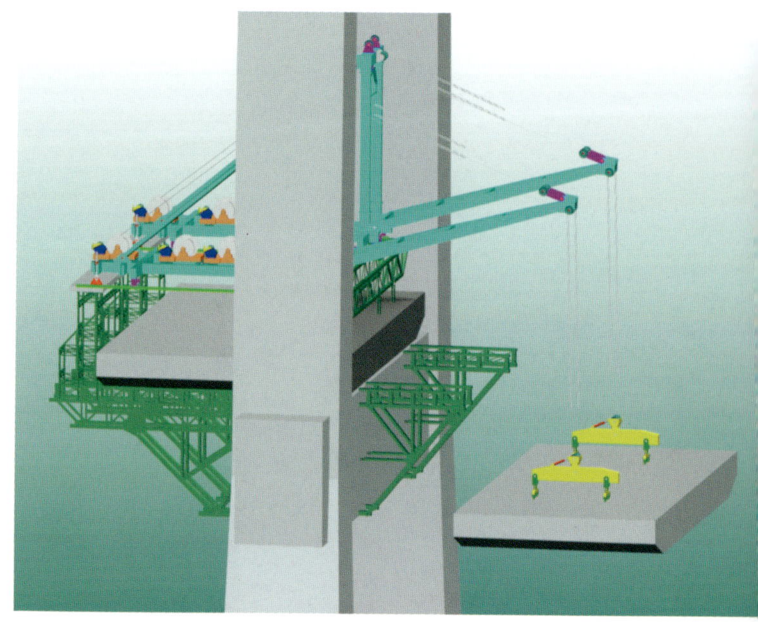

1

2

1. 塔区梁段吊装示意图　2. 首片钢箱梁吊装　3. 1号块钢箱梁起吊

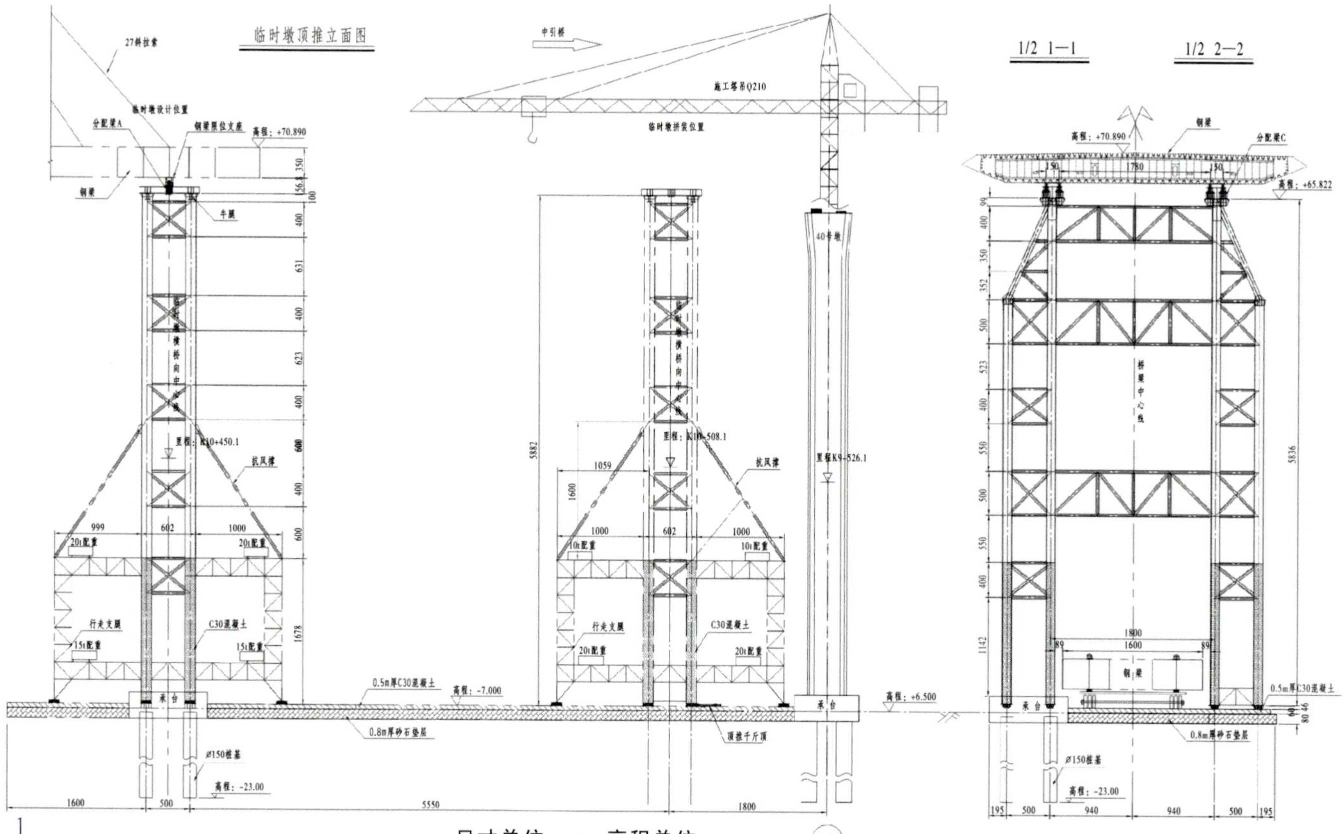

临时墩顶推立面图

1/2 1—1　　1/2 2—2

尺寸单位:cm；高程单位:m

1

[临时墩处钢箱梁吊装]

在A 12梁段设置临时墩，减小了最大双悬臂施工时间，保证台风季节施工安全。临时锚固墩先在其设计位置以外合适的地方施工完，待其顶部梁段施工完以后再整体顶推就位，可快速实现临时墩施工。

2

1. 临时墩设计　2. 临时墩顶推　3. 临时墩处钢箱梁吊装

3

[岛上钢箱梁运输]

采用运梁台车实现了桥位处大吨位钢箱梁的上岸和岛上运输问题，改变了以前常规的运梁轨道的方法，为今后类似桥梁陆地运输提供了一种新的思路和方法。

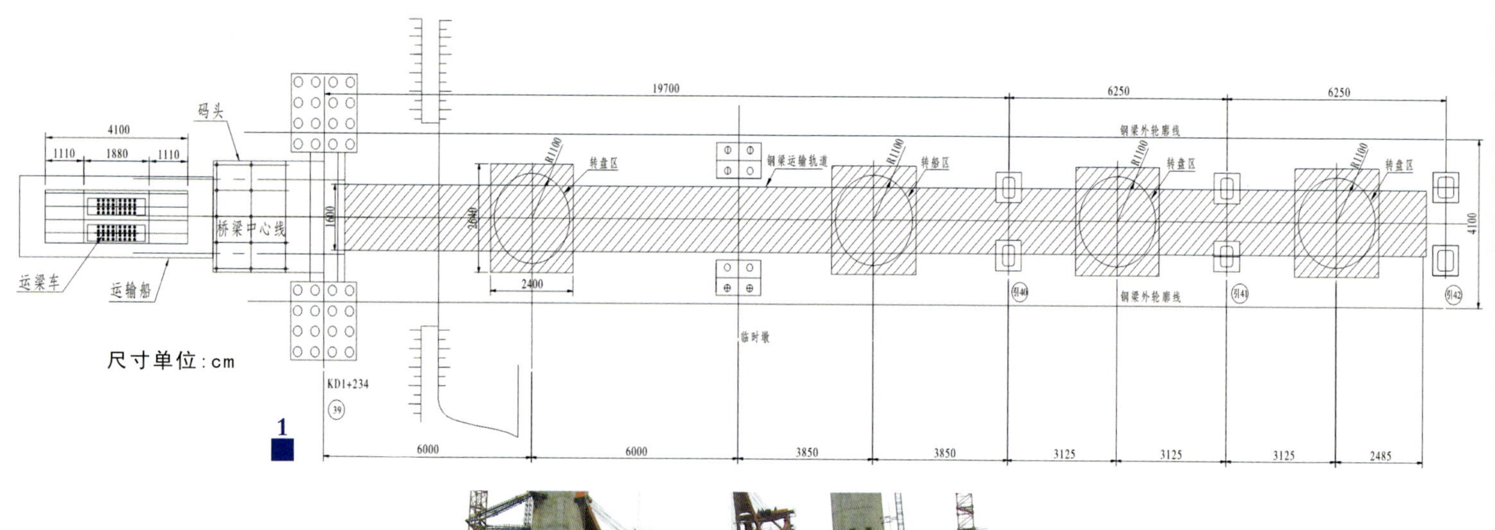

1

2

3

1. 运梁路线方案　2. 钢箱梁运输上岛
3. 钢箱梁岛上运输　4、5. 检修车安装

[检修小车安装]

斜拉桥共有4台检修小车，每台检修车长约41m，重约17t，是钢箱梁施工过程的重要平台，同时也是成桥后斜拉桥钢箱梁外表面检修的主要工作平台。本项目检修小车安装通过运梁台车和钢箱梁吊装配合安装。

4

5

[斜拉桥合龙]

由于受到河滩潮位以及地形(浅滩和码头)的限制，需在浅滩区修建约50m长的钢栈桥，在架设完J19梁段以后先把J24–J21四片钢箱梁先后依次吊放于钢栈桥上，并拖拉使之达到起吊位置存放，依次进行20–21–22–24–23(合龙)吊装。

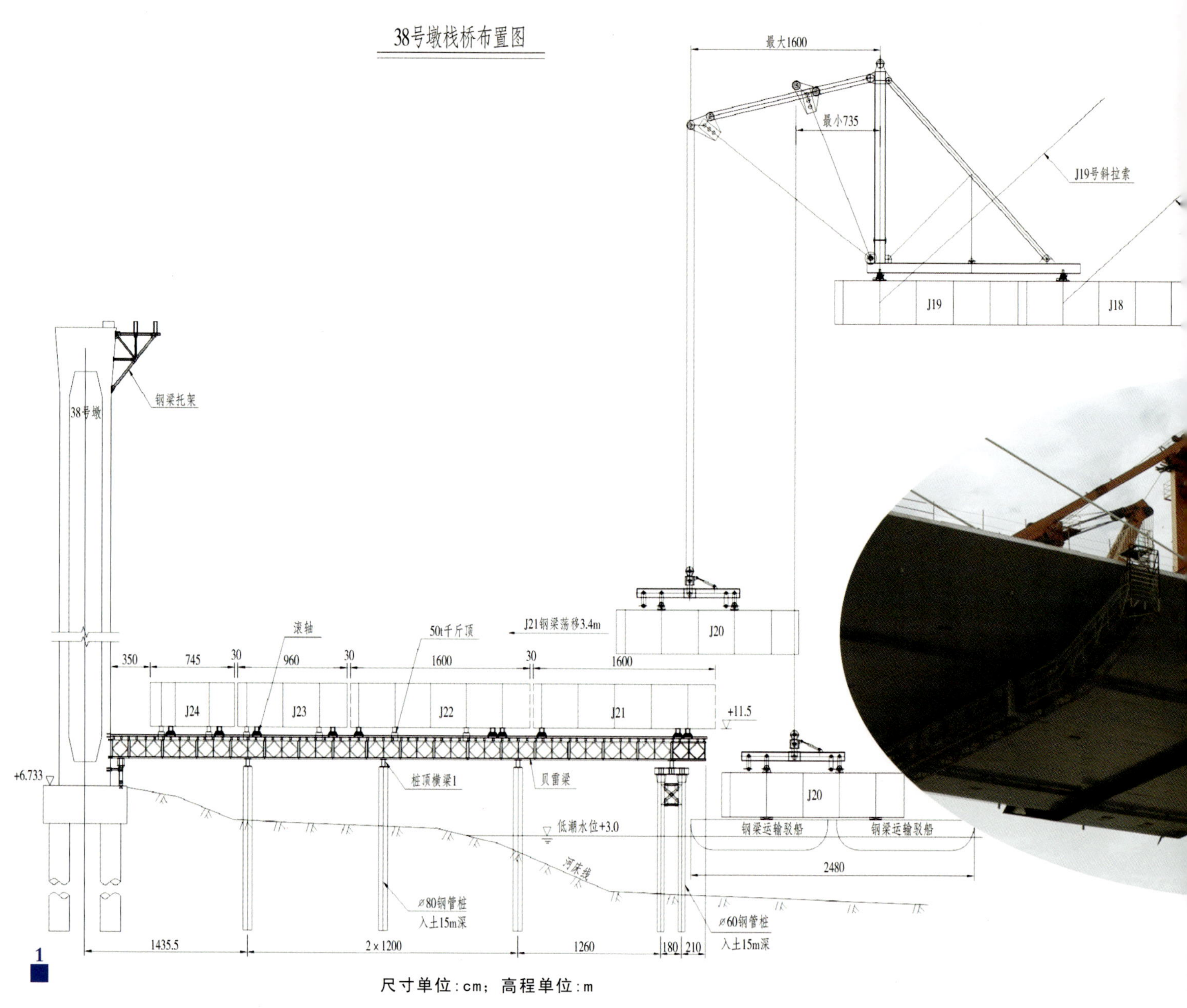

1. 栈桥段钢箱梁吊装方案　2. 桥面吊机起吊合龙配重块　3. 中跨合龙

2

3

2.1.4 斜拉索安装

[安装说明]

1. 1～6号斜拉索索塔端采用塔式吊机提吊、塔内卷扬机牵引的方法施工，梁端用手拉葫芦牵引梁端锚头并带上锚固螺母，即用塔式吊机提吊塔端锚头至索导管附近高度时，塔内卷扬机连好此端软牵引头，然后梁端带帽，最后塔端再用千斤顶软牵引带帽。

2. 7～16号索的挂设方法基本与1～6号索同，只是塔端的塔式吊机改为塔顶吊架上的8t卷扬机加滑车组提吊，梁端在汽车吊机的配合下用卷扬机牵引带帽，即先梁端锚头带帽锚固，再塔端锚头软牵引带帽锚固。

3. 17～19号索塔端改为软、硬组合牵引，其余施工方法与7～16号索基本一样。20～22号索梁端用30t汽车吊机配合千斤顶［150t和450t两种，PES(C)7-223型号的用150t千斤顶，PES(C)7-253型号的用450t千斤顶］软牵引先带帽，然后塔端硬牵引带帽。

1

2

3

1. 放索　2. 安装张拉杆　3. 塔端牵引　4. 梁端压锚　5. 梁端软牵引　6. 塔端硬牵引　7. 斜拉索张拉

4

5

6

7

黄埔大桥
欢迎进入广州珠江黄埔大桥
黄埔大桥

2.1.5 钢箱梁制造

斜拉桥主梁采用单箱三室扁平流线型栓焊钢箱梁，由面板、底板、腹板、横隔板、纵隔板、风嘴等组成，其上翼缘为正交异性板结构，顶板及其加劲肋采用了栓焊结合的方式。钢箱梁全宽41m，中心梁高3.5m，设4道纵腹板，桥面设2%的双向横坡。标准段顶板厚16mm，底板厚12mm，在索塔附近，顶、底板均加厚至20mm。钢箱梁主体结构采用低合金钢Q345C，钢锚箱采用Q345D钢，钢箱梁侧腹板采用抗层状撕裂钢材，外表面采用三层重防腐涂装体系，厚度310μm。

全桥共划分为52个梁段，分索塔区梁段，辅助墩顶梁段，无索区梁段，标准段，边、中跨合龙段。其中标准梁段为16m和12m长的梁段，边跨、中跨合龙段长6m和9.6m。

3

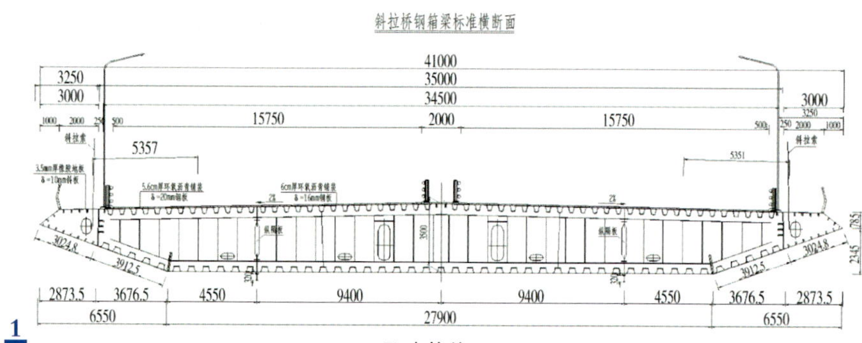

1

尺寸单位：mm

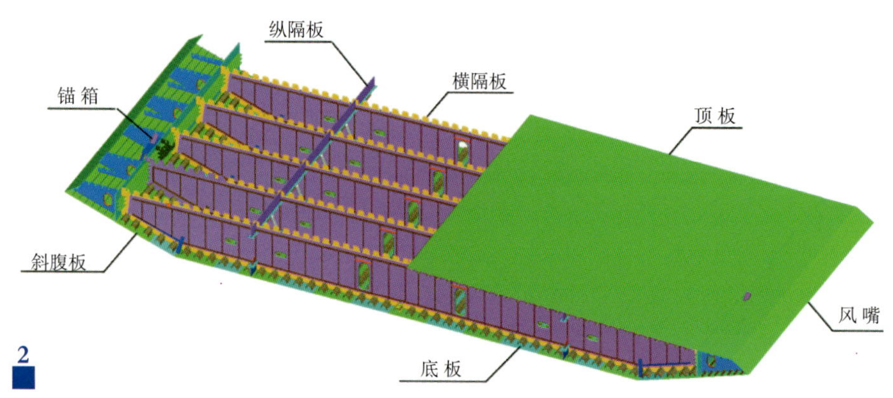

2

6

4

5

1. 斜拉桥钢箱梁标准断面　　2. 钢箱梁板单元划分　　3. 板单元反变形

4. 钢锚箱　　5. 钢桥面无尘喷砂　　6. 钢箱梁节段总拼

2.1.6 斜拉索制造

斜拉索采用热挤聚乙烯高强钢丝拉索PES(C)7系列及相应的冷铸镦头锚具，钢丝采用标准强度为R=1670MPa，公称直径7mm，公称截面积38.5mm^{2}的桥梁缆索用热镀锌钢丝，平行钢丝疲劳应力幅度不小于200MPa。外层HDPE套管制成压花抗风雨形式。

斜拉索在主梁上的标准索距为16m，边跨部分索距为12m。斜拉桥共采用6种类型的斜拉索，即PES7-121、PES7-139、PES7-163、PES7-199、PES7-223、PES7-253。斜拉索的两端均采用张拉端锚具，施工时在索塔内或梁端张拉。

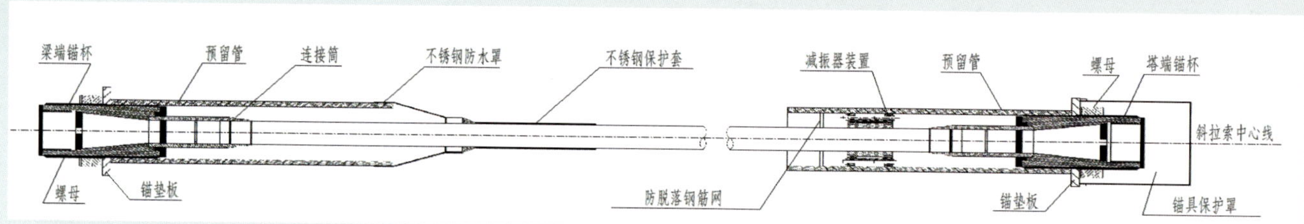

1

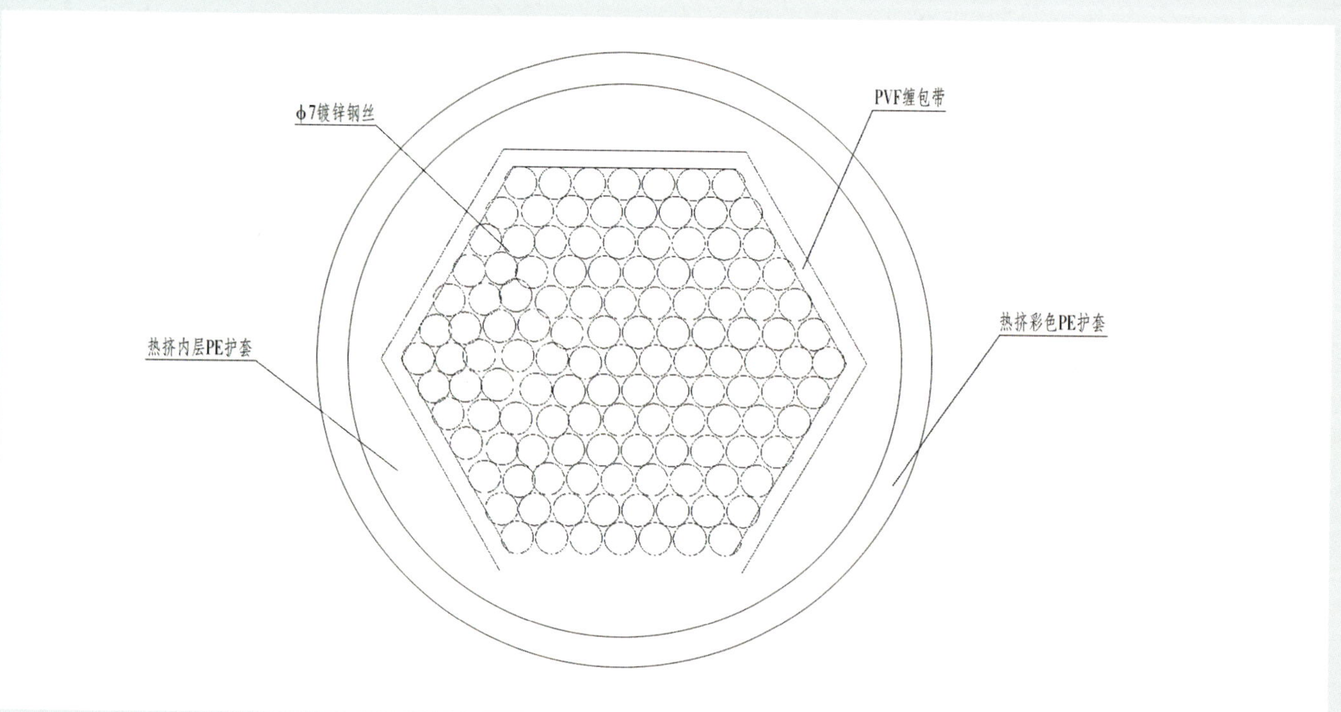

2

3

4

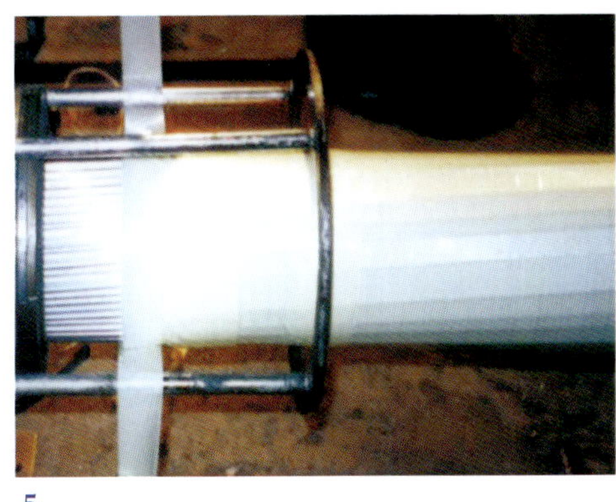

5

6

1、2. 索体构造　　3. 镀锌钢丝拉丝生产线　　4. 斜拉索放丝编索　　5. 缠绕聚酯纤维带　　6. 成品索运输到现场

[长寿命斜拉索研究]

根据广州气候条件及珠江黄埔大桥斜拉桥建设的需要，针对目前斜拉索存在的耐久性问题及珠江黄埔大桥斜拉索的技术特点提出50年的使用寿命要求，并从斜拉索的腐蚀机理、原材料、结构体系入手，对斜拉索整体包括锚头在内的所有防腐系统进行全面系统的耐久性研究，通过隔绝水分以及其他有害物质进入索体达到全长多层隔离或防护的目的，从而提高斜拉索的使用寿命，研究成果成功应用于工程。

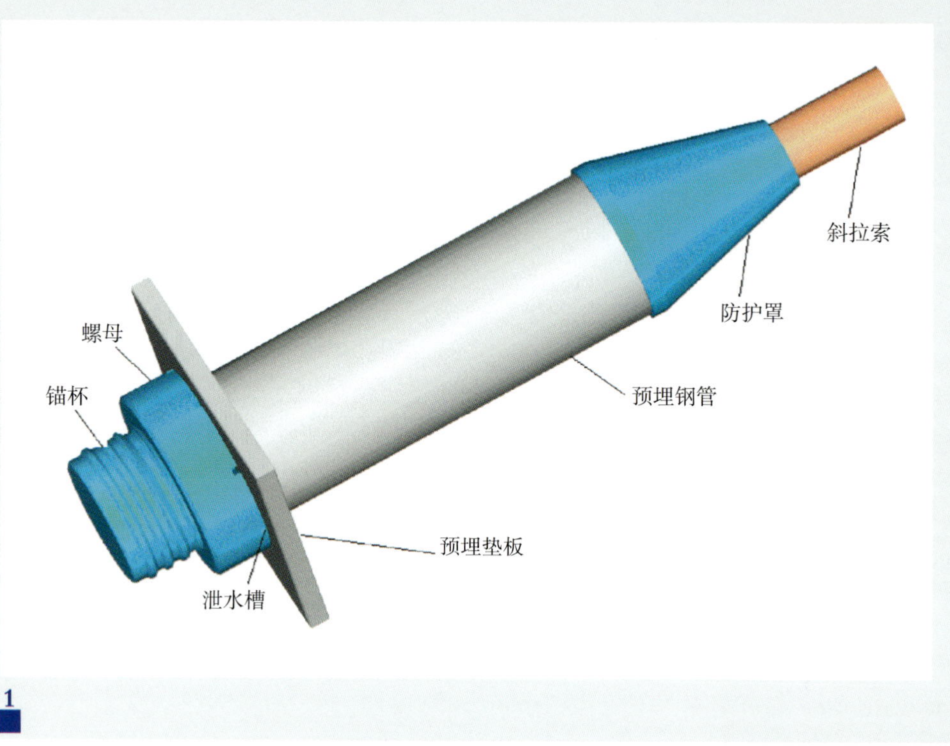

1

2

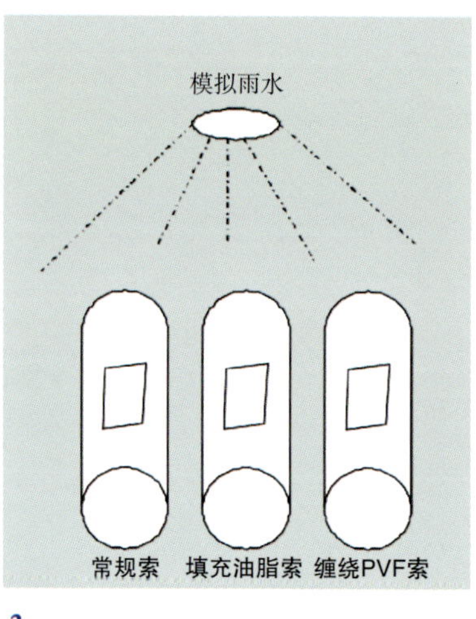

3

4

5

锚头破裂试验

1. 锚头结构图　　2. 动态水密性试验　　3. 三种索体防水性能试验

4. HDPE耐老化性能对比试验　　5. 三种索体耐环境应力开裂对比试验

2.2 悬索桥

2.2.1 概况

珠江黄埔大桥南汊主桥为290m+1108m+350m的单跨钢箱梁悬索桥，钢箱梁宽41.69m，矢跨比为1/10，设计风速、抗震等技术要求与斜拉桥相同。

悬索桥施工期从2005年4月～2008年11月，总建安费134625万元，1.867万元/m²。

尺寸单位：m

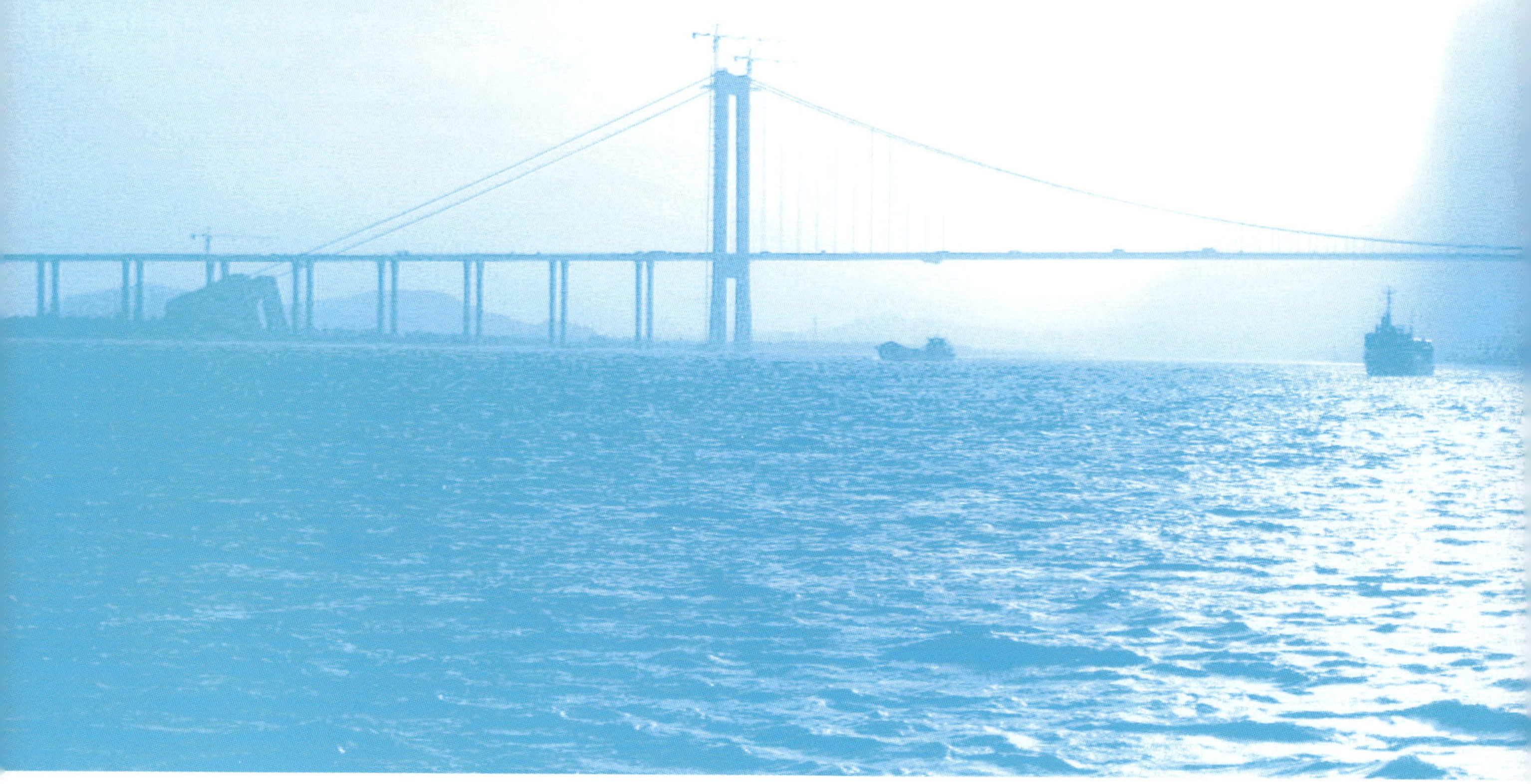

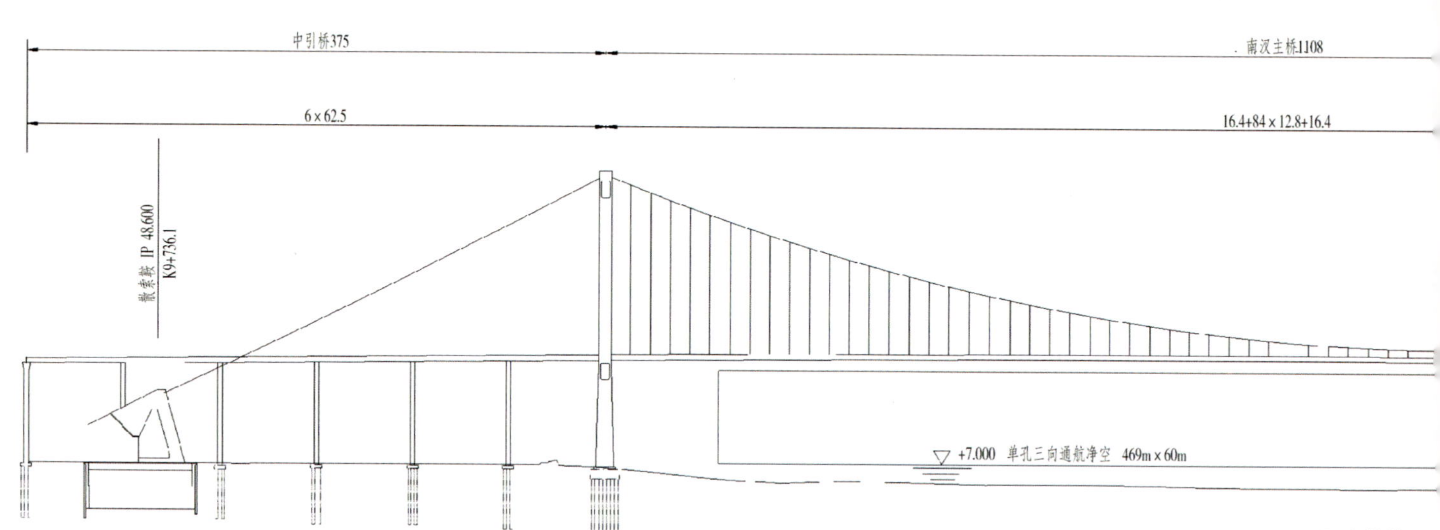

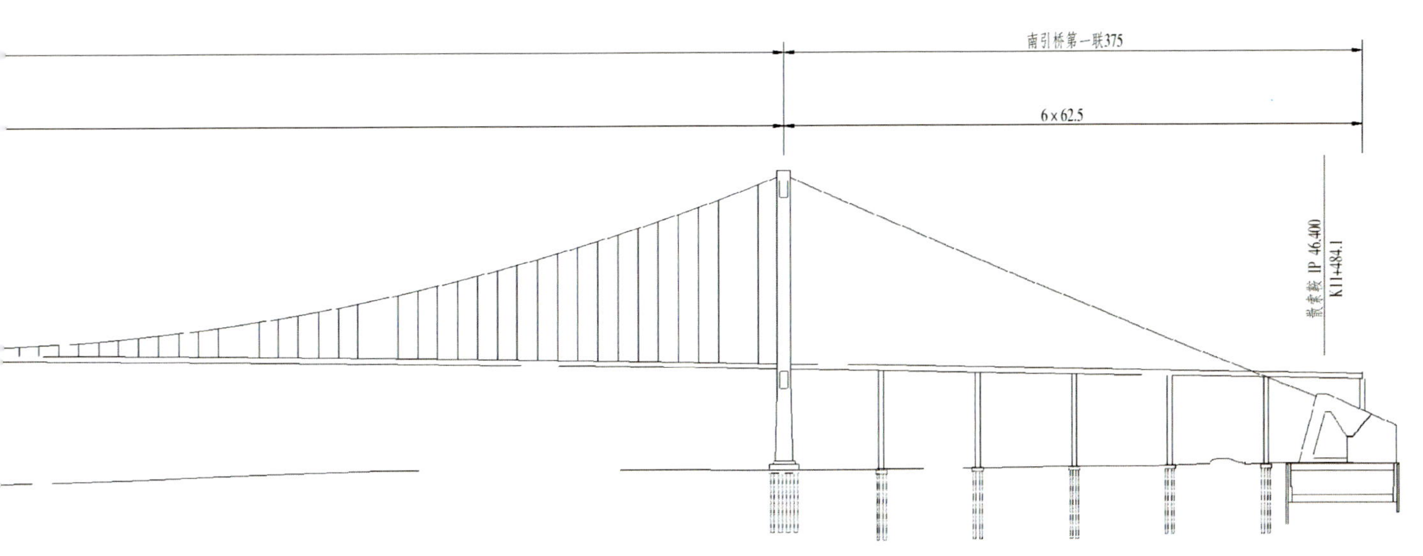
南引桥第一联375
6×62.5
散索鞍 IP 46.400
K11+484.1

2.2.2 主塔

[悬索桥主塔]

悬索桥主塔采用门形结构，索塔总高度为192.476m。索塔造型融合了古老中国文明抽象的“門”字，体现广州作为我国门户城市、改革开放前沿以及本桥作为广州海上的门户通道的寓意。根据受力要求，塔柱基础设置16根直径2.2m的钻孔灌注桩，由于基岩风化不均，尤其是受断裂带的影响，导致弱风化基岩破碎、饱水强度低，因此桩基础嵌入弱、微风化基岩总深度不少于15m。

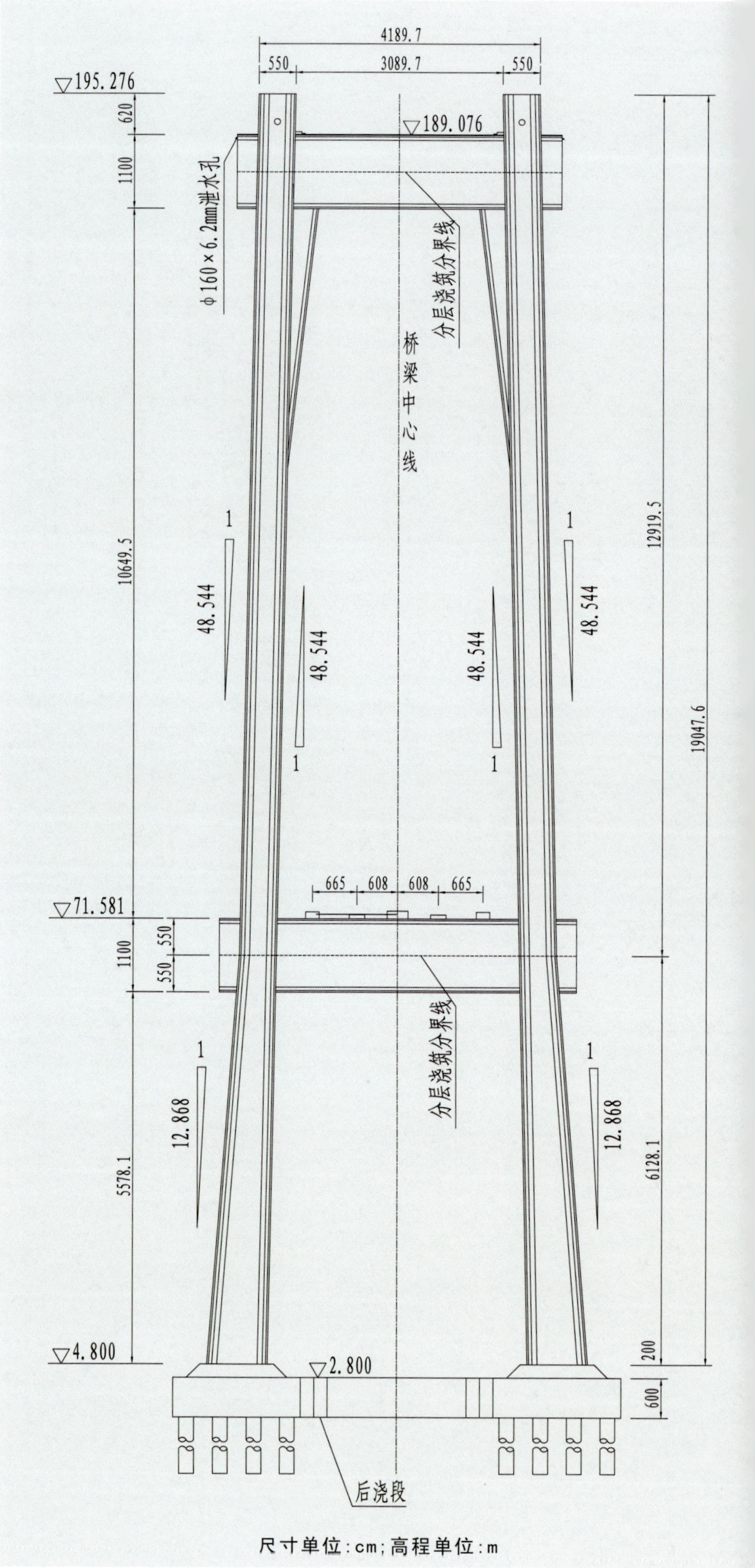

1

4189.7
550 3089.7 550
▽195.276
▽189.076
620
1100
φ160×6.2mm泄水孔
分层浇筑分界线
桥梁中心线
1 48.544
48.544 1
48.544 1
1 48.544
10649.5
12919.5
19047.6
665 608 608 665
▽71.581
1100
550 550
分层浇筑分界线
1 12.868
1 12.868
5578.1
6128.1
▽4.800
▽2.800
200
600
后浇段
尺寸单位:cm;高程单位:m

1. 索塔立面图

2. 北塔桩基础施工

2

[桩基础施工]

南北塔桩基础采用Kp3000型钻机和YCJF-25型全液压冲击反循环钻机成孔，反循环清孔，钢筋笼整体预制、分节下放，混凝土采用泵送。设置水上平台作为主要施工场地，人员交通和材料运输利用施工便桥。

3

3. 南塔桩基础施工

[主塔承台施工]

桥塔承台、系梁处于水下，施工选用拉森Ⅳ钢板桩围堰，钢板桩设计长度24m，顶高程为+7.2m，底高程为-16.8m。采用钢框架结构内支撑，内支撑全部安装完成后，打开连通孔，保持内外水头一致，吸泥至高程-5.2m，检查基底平整度后，进行水下混凝土封底。

1

2

3

1. 钢板桩围堰

2. 吹沙抽泥

3. 承台基坑开挖

4 承台钢筋绑扎

4

[塔柱施工]

塔柱采用有两个对称轴的空心薄壁断面，上横梁、塔底等受力较大的区段设置加厚段，下横梁顶板、底板处设横隔板；主鞍室底面以下11m高度范围为实心段；在塔底设置4m高的实心段，可抗击5000t船舶撞击力。为增加索塔的景观效果，在塔柱四角设有半径1.5m的圆弧形倒角，横梁四角设有半径0.75m的圆弧形倒角。

塔柱采用液压自爬模板施工，南、北塔施工标准节段长度分别为5m和4.5m。

1. 索塔施工

2. 南塔下横梁施工

3

4

3. 北塔下横梁施工

4. 成塔状态

2.2.3 锚碇

锚碇设计基坑支护采用壁厚1.2m的钢筋混凝土圆形地下连续墙，墙深32～42m，外径73m，南锚碇距珠江大堤不足30m，桥位地质条件复杂。

通过深入研究圆形地下连续墙结构受力和深基坑渗流的影响，取得了高水位、距珠江30m、无坑外灌浆帷幕条件下超大深基坑开挖周边地表无沉降的良好效果；针对桥位地质条件特点，形成"抓、冲、铣"和"抓、铣、凿"相结合的地下连续墙成槽工法。

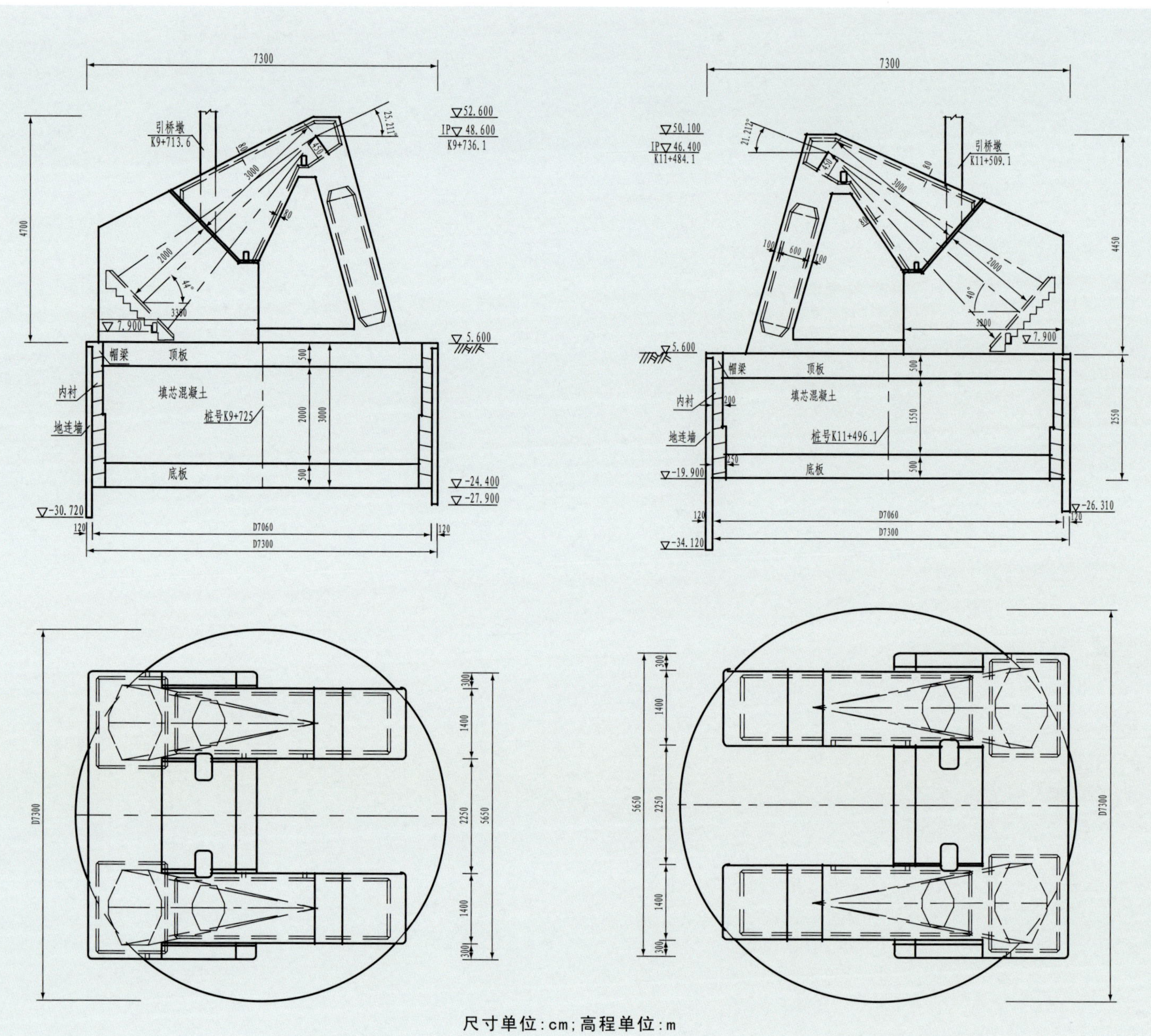

1

1. 锚碇总体构造

2. 南锚碇全景

[北锚地连墙“抓、铣、凿”成槽工艺]

北锚成槽技术可以概括为：抓孔，铣槽，重锤凿，抓碎石，铣槽机，修槽，铣侧边。

考虑到北锚地连墙在较硬基岩的成槽工程量相对较小。主要采用铣削法成槽。

成槽工艺主要为液压铣铣销成槽，主要分为以下三种情况。

(1)在上部10m范围内的土层采用钢丝绳抓斗设备进行“纯抓法”成槽。

(2)10m以下土层至基岩部分采用HF12000液压进行“纯铣法”成槽。

(3)对于较硬基岩采用重凿、钢丝绳抓斗、铣槽机交替作业施工，最后使用铣槽机铣去侧边混凝土形成铣接头。

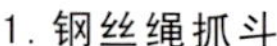

1. 钢丝绳抓斗
2. 铣槽机
3. 重凿

1

2

3

[南锚碇地连墙“抓、冲、铣”成槽工艺]

南锚成槽技术可以概括为：抓孔，卷扬式冲击钻成槽，铣槽机修槽，铣侧边。

考虑到在较硬岩层成槽工程量大的特点，将槽段分为上下两层，采用不同的成槽技术。在上部淤泥层采用液压抓斗成槽，砂层中使用铣槽机成槽，到铣槽机进尺困难时，换用冲击钻成孔，并配合方锤、铣槽机修槽，最后使用铣槽机铣去侧边混凝土形成接头。

1. 液压抓斗
2. 冲击钻
3. 铣槽机

1

2

3

[锚碇内衬施工]

1

3

1、2. 内衬施工　　3. 基坑开挖与内衬施工全貌

 2

[锚碇基础施工]

1

北锚碇混凝土工程量177327m^3，南锚碇混凝土工程量156975m^3，为保证大体积混凝土施工质量，采用直接水化热和绝热升温试验方法及大型有限元温度场分析等设计方法，达到锚碇基底大体积混凝土在不设降温水管情况下一次性浇筑施工，并有效控制裂缝。

1. 底板施工　　2. 空腔施工　　3. 顶板施工

2

3

[锚固系统]

锚固系统预应力系统采用“环氧涂层钢绞线+油脂”防腐方案，钢管及前后锚头防护帽内均充满油脂。锚头防护帽安装时后锚头防护帽注油孔均位于立面的最下方，前锚头防护帽出油孔均位于立面的最上方。

锚固系统由索股锚固连接构造和预应力钢束锚固构造组成，设计为无黏结可更换式。索股锚固连接构造由拉杆及其组件、连接器组成；在前锚面位置拉杆一端与索股锚头上的锚板相连接，另一端与被预应力钢束锚固于前锚面的连接器相连接。

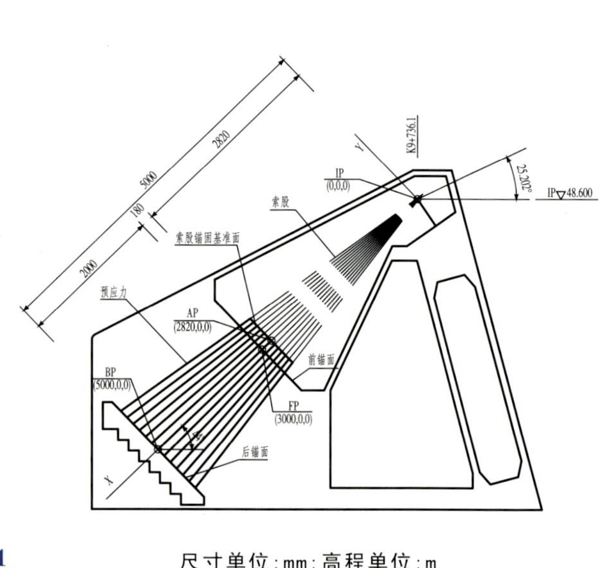

1

尺寸单位:mm;高程单位:m

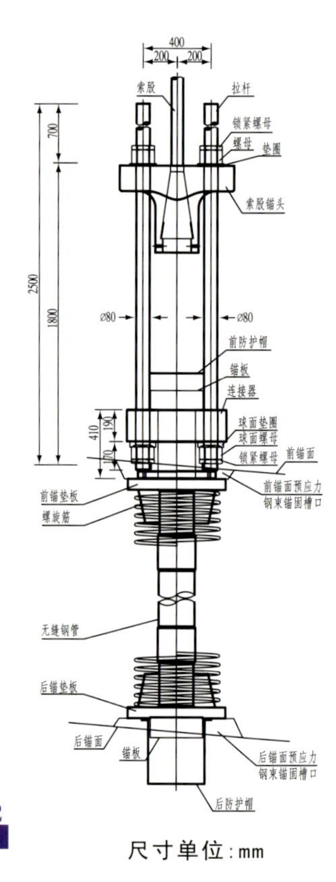

2

尺寸单位:mm

4

3

1. 锚固系统总体布置图

2. 锚固单元构造

3. 锚体施工

5

6

4、5. 锚固系统预应力钢架和管道

6. 前锚固面

2.2.4 索鞍吊装

[主索鞍吊装]

索鞍分为主索鞍和散索鞍，分别放置于塔柱顶端和锚碇散索鞍支墩处，主要起支撑主缆、力传递的作用，散索鞍还有散开主缆索股的作用。索鞍由鞍头、鞍体、底座组成，为鞍头、鞍体分开浇铸、焊结成一体的铸焊组合结构。为方便施工，主鞍分左右两半制造，吊装就位后用高强螺栓联结为一体。主鞍鞍体与底座之间设有聚四氟乙烯滑板。散索鞍鞍体采用摆式结构，以适应施工期间及成桥后的微量位移。施工分别在塔顶和锚碇前支墩设置吊装架。

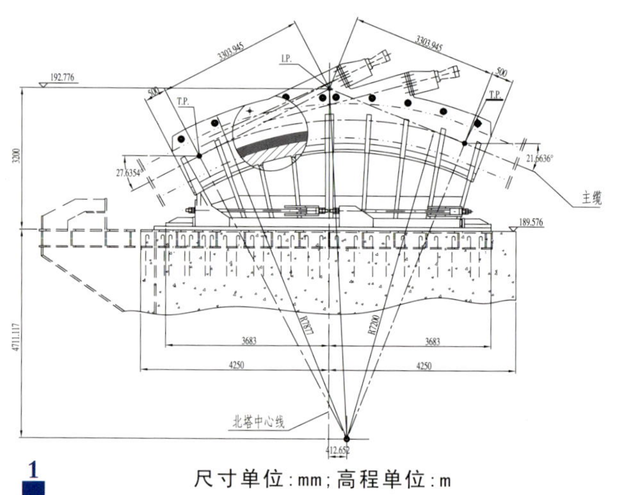

1

尺寸单位:mm;高程单位:m

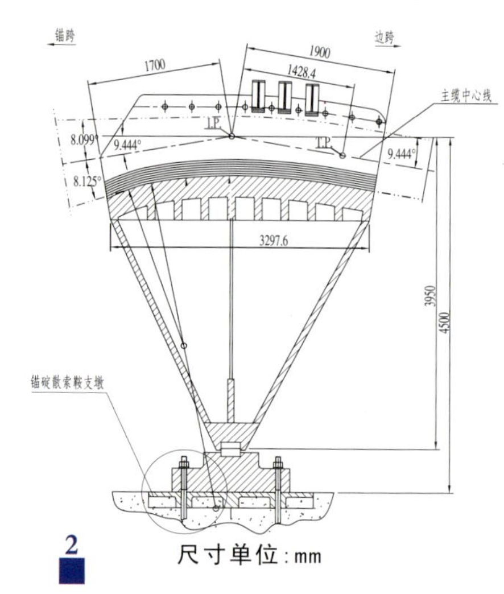

2

尺寸单位:mm

3

4

1. 主索鞍安装构造

2. 散索鞍安装构造

3、4. 主索鞍格栅吊装

5. 主索鞍鞍体吊装

[散索鞍吊装]

1

2

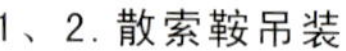

1、2. 散索鞍吊装

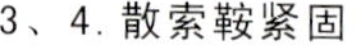

3、4. 散索鞍紧固

3

4

2.2.5 猫道架设

猫道系统是悬索桥上部结构安装最重要的临时工程之一，作为主缆索股牵引、索股调整、主缆紧固、索夹和吊索安装、钢箱梁吊装、主缆缠丝防护以及缆系附属结构的施工平台，贯穿上部结构安装的始终。

本桥猫道位于主缆空载中心线形下方1.5m，长约1880m，宽4m，上下游主缆下方各设一条。猫道承重索采用三跨连续结构无抗风缆体系。通过调整横向通道间距和数量的方法、猫道的宽度代替设置抗风索的措施来提高猫道的抗风稳定性，同时增设水平和竖向的制振装置来减少猫道在活荷载作用下的振动，另外，首次在国内大跨径悬索桥中取消了猫道下压装置，在后续工程施工中证明其具有良好的抗震效果和整体稳定性。

1. 先导索过江
2. 牵引系统
3. 猫道承重绳与扶手绳

4

5

6

7

4、5、6.猫道面层铺设　　　　7.猫道合龙

广东长大

2.2.6 主缆架设

主缆采用预制平行钢丝索股(PPWS)，每根主缆通长索股有147股，北边跨另设6根背索，南边跨另设2根背索，均在主索鞍上锚固。每根索股由127根直径为5.20mm、公称抗拉强度为1670MPa的高强度镀锌钢丝组成。主缆在架设时竖向排列成尖顶的近似正六边形，紧缆后主缆为圆形。索夹内直径分别为805.4mm(北边跨)、789.4mm(中跨)、794.8mm(南边跨)。

主缆架设结合本项目的具体特点，采用单线往复式牵引系统。索股架设阶段在75天内全部完成。证明该系统具有适用性强、经济性好、操作方便等优点。

通过研制开发的大吨位的卷扬机、被动放索系统、拽拉器、整形器械等机具设备，有效地控制了索股乱丝、呼拉圈、扭转等现象的发生，充分保证了工程质量精度，具有先进性。

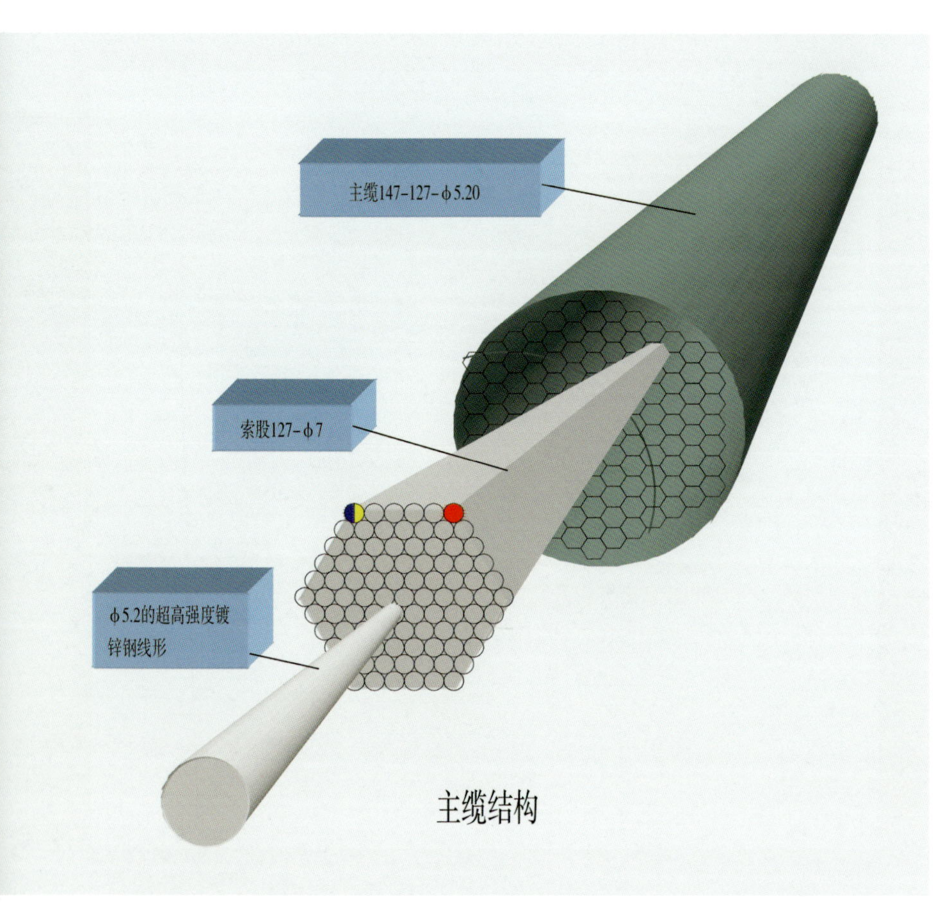

主缆结构

[首根索股架设]

1

2

3

4

5

1. 放索　2. 牵引　3. 入鞍　4. 入锚　5. 张拉

1

1. 前锚室锚固
2. 散索股
3、4. 索股架设
5. 索股排列分股
6. 主鞍部位调索
7. 索股入主索鞍

2

3

4

5

6

7

[紧缆]

主缆紧缆机是用来将主缆平行钢丝挤紧挤圆的专用施工设备，即在环形挤紧器机座上配置6台液压千斤顶，向主缆中心挤压，将主缆截面挤紧成圆，并达到设计规定的空隙率，每1m主缆挤紧一次，捆紧一道。

[索夹安装与缠丝]

1

2

3

1、2. 索夹安装

3、4. 缠丝施工

5. 主缆涂装防腐

■ 4

■ 5

2.2.7 钢箱梁吊装

悬索桥共分87个梁段，其中标准梁段长度为12.8m，箱梁全宽41.69m，梁高3.5m，重215t，特殊梁段最大质量为230t。

钢箱梁架设采用综合集成技术，自主研制了具有结构合理、适应性强、安全高效的大吨位全液压跨缆吊机及相应的悬索桥施工专用设备；吊机额定最大起质量为280t。

钢箱梁板单元在陕西加工，在汕头基地拼装，经海上运输转入珠江，最后到达桥位附近。吊装时，从中跨向桥塔方向顺次对称起吊。

[跨缆吊机加载试验]

[钢箱梁首段吊装]

1

2

1. 封航　2、3. 抛锚定位　4. 起吊　5. 到位

3

4

5

广东长大
广州珠江黄埔大桥悬索桥 —— 华南第一跨

6. 吊索穿销
7. 第二片箱梁起吊
8. 梁段对接

6

8

[钢箱梁合龙]

钢箱梁吊装采用全过程监控，每10个梁段复核偏斜的控制手段，确保吊装线形和梁段合龙合格率100%的目标。

2.2.8 索鞍制造

[主索鞍制造]

主索鞍：位于主塔塔顶，是主缆跨越索塔的连接构件，主要用于支撑主缆竖向分力并传递给主塔，全桥共有4套主索鞍系统，每套系统的总质量都在140t以上，其中单件最大吊重约50t，主要由主索鞍、格栅及其零部件构成。主索鞍鞍体为铸焊结合的混合结构，即鞍槽采用铸钢铸造，底座由钢板焊成，全部采用工厂化制造。

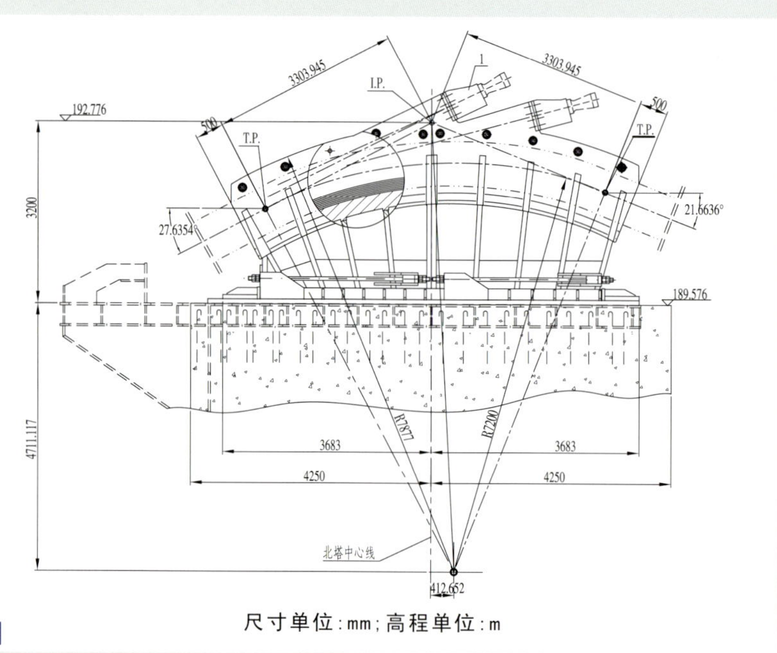

1

尺寸单位:mm;高程单位:m

1、2. 主索鞍设计

3. 成品

4. 鞍槽木模

5. 数控机床上加工鞍槽

6. 鞍座格栅

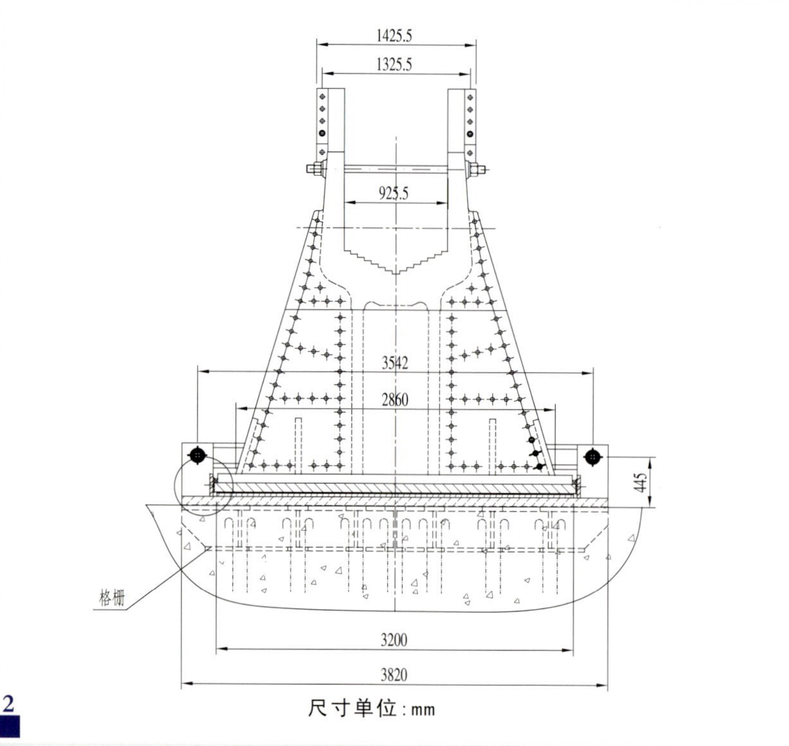

2

尺寸单位:mm

4

5

6

[散索鞍制造]

散索鞍是主缆进入锚碇之前的最后一个支承构件，它将主缆分散成单根索股，单根索股和锚碇后锚面连接，将桥面荷载和主缆自重等产生的拉力传递至锚碇。散索鞍主要包括鞍体、拉杆、隔板、上承板、下承板等。散索鞍是铸、锻、焊结构。

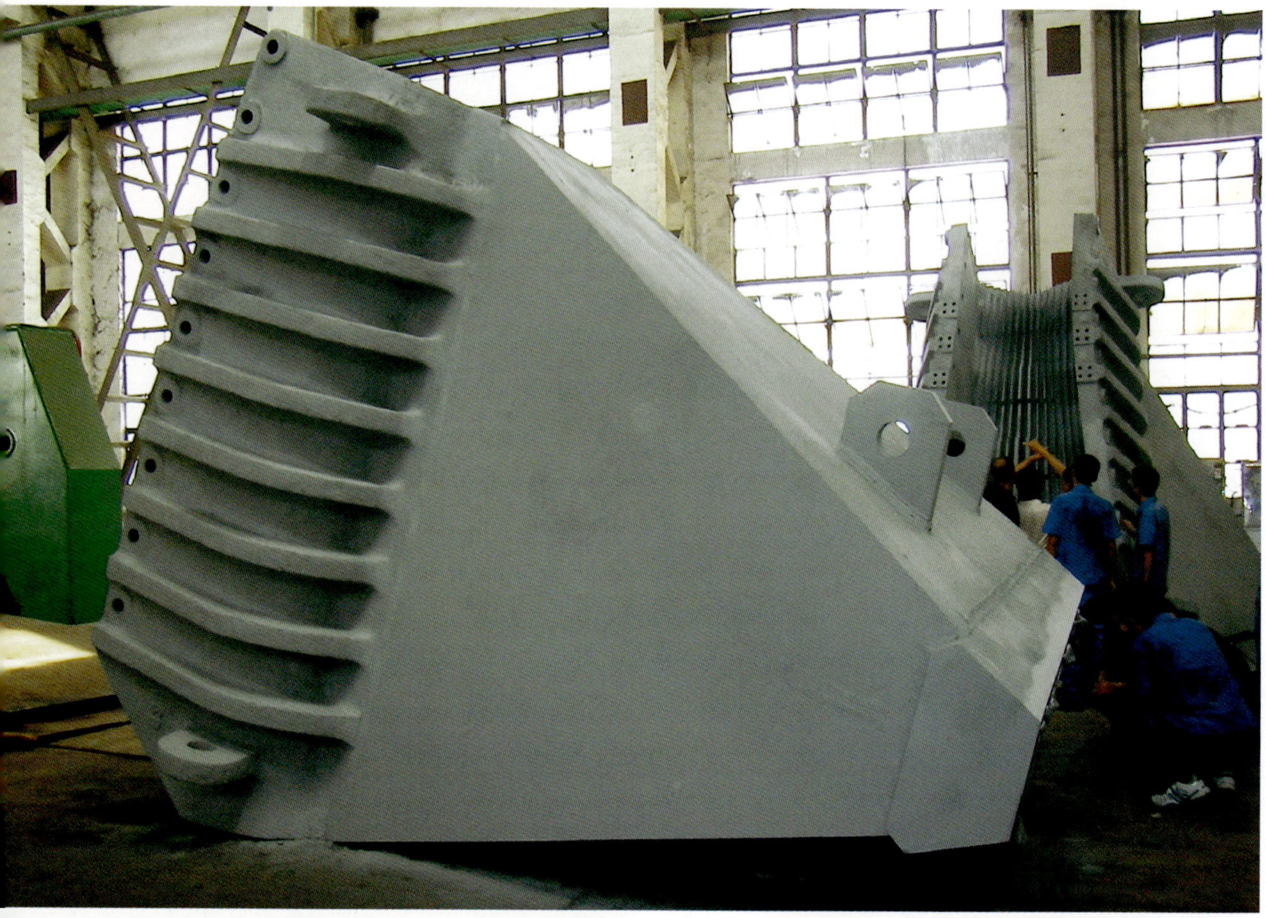

1

2 3

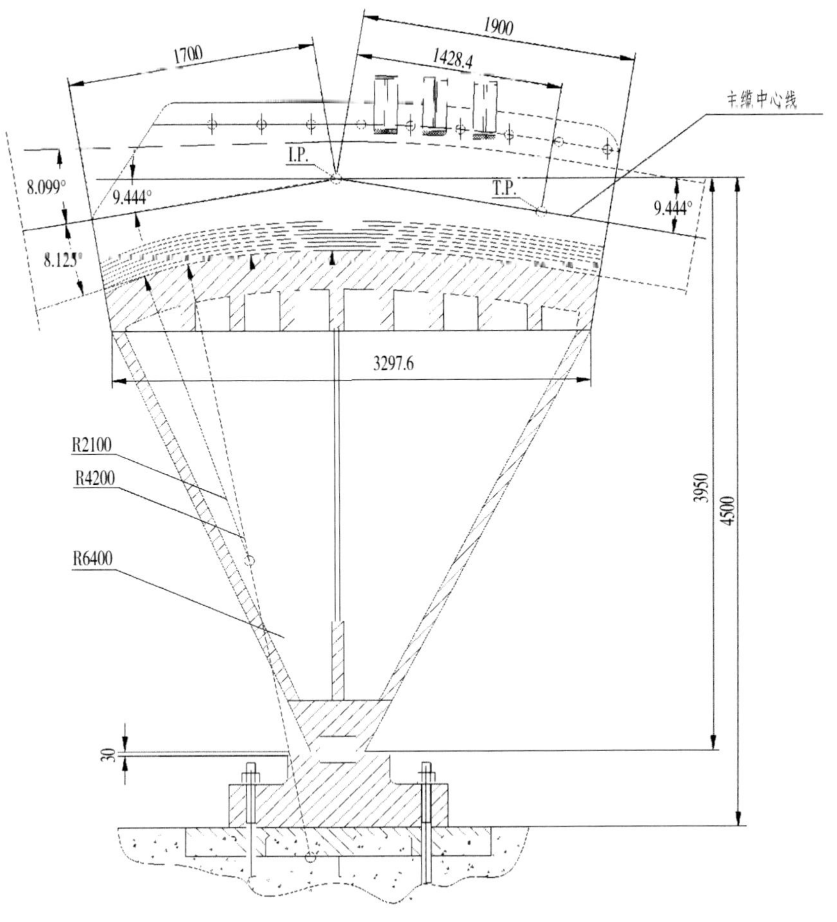

尺寸单位:mm

4

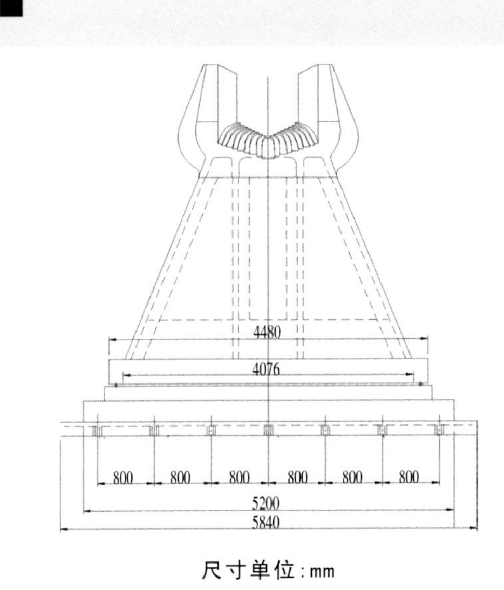

尺寸单位:mm

5

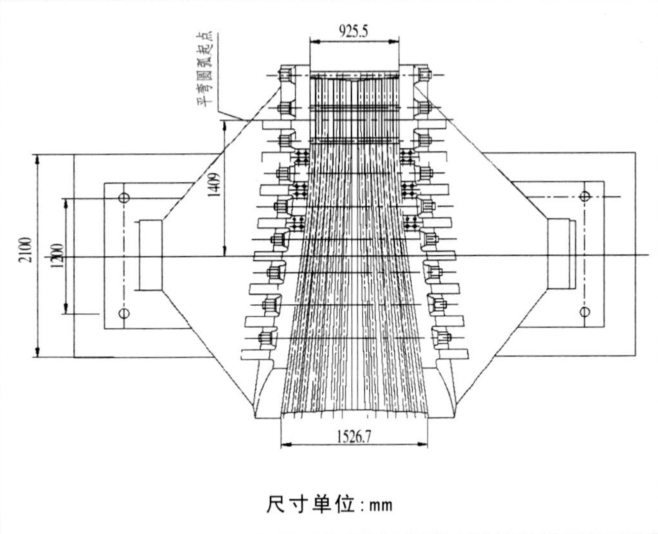

尺寸单位:mm

6

1. 散索鞍成品　　2. 鞍槽隔板涂装完成　　3. 底座及上、下承板组装匹配　　4、5、6. 散索鞍设计

2.2.9 钢箱梁制造

悬索桥主梁为扁平封闭薄壁钢箱梁结构，全宽41.69m，高3.5m。桥面为正交异性板钢结构，顶板厚16mm。梁内横隔板间距3.2m，横隔板厚10mm(吊索处)和8mm(非吊索处)。

钢箱梁的制作需要先分成节段，标准节段的长度与钢箱梁的吊索间距相同，共分为87个节段。在工厂内制造完毕后由水路运输到桥位现场，吊装后焊接成整体。

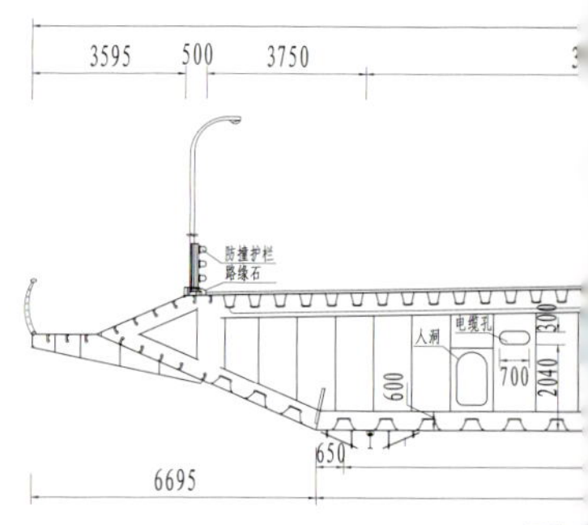

1

3

1. 钢箱梁断面图　2. 底板对接　3. 梁段组拼　4. 梁段装船

41690
750
2000
750
3×3750
3750
500
3595
护栏
2%
6cm厚沥青铺装
吊索中心线
3500
2248.4
27×1000
14150
650
4100
6695

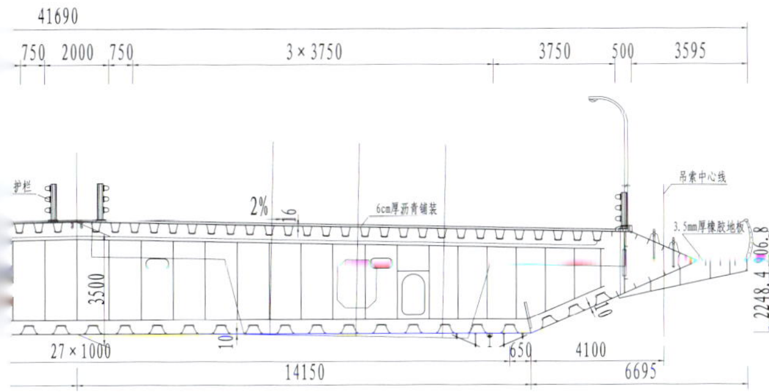

尺寸单位:mm

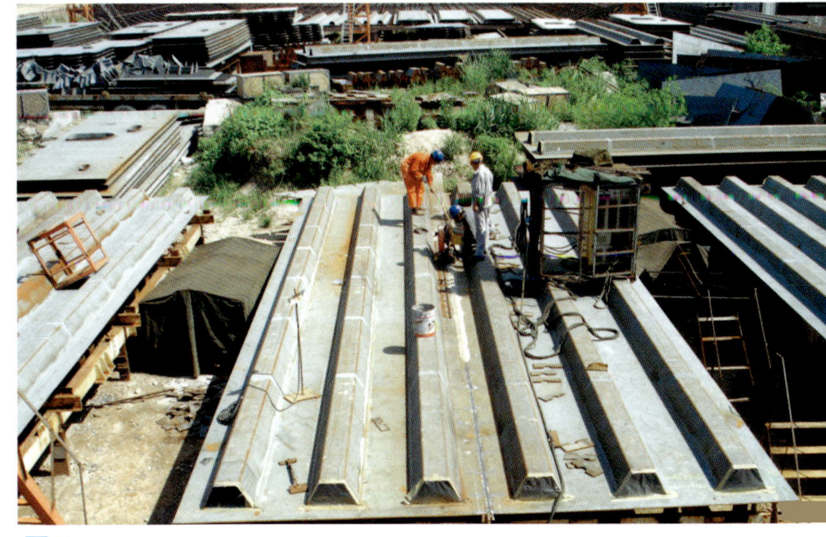

2

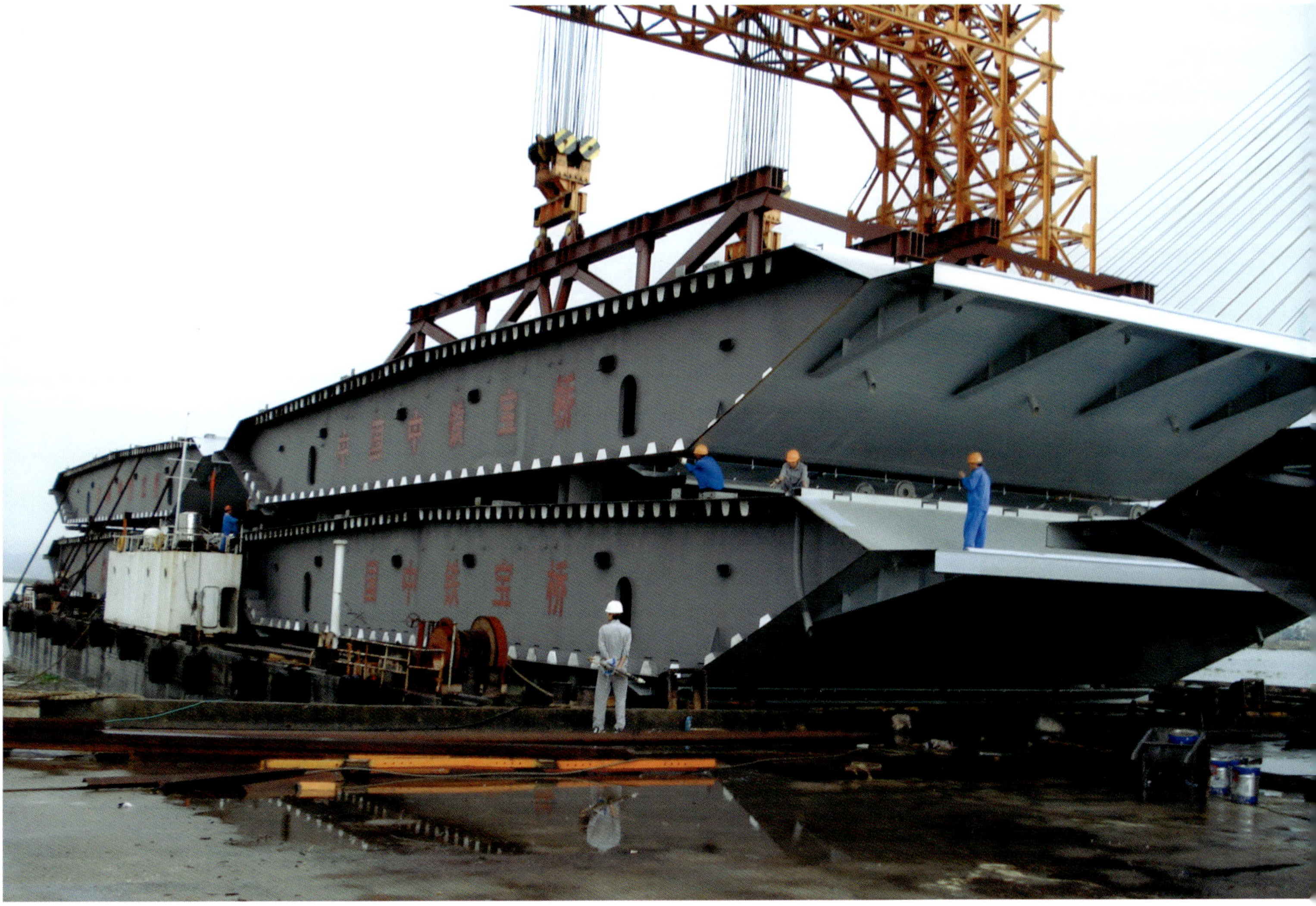

4

2.2.10 主缆索股制造

1

2

■ 3

1. 盘条拉丝

2. 集索板

3. 索股上盘

4. 索股成型

■ 4

2.3 引桥

2.3.1 引桥建设

珠江黄埔大桥南、北引桥是采用移动模架法(MSS)施工的跨径为62.5m、45m、30m的连续刚构和连续梁桥。其中，62.5m是国内外采用移动模架法施工的最大跨径。在施工过程中解决了模架设计、施工组织及施工控制等一系列关键技术难题。

2.3.2 MSS62.5m移动模架

62.5m跨引桥箱梁采用两台MSS62.5m上行式移动模架施工。移动模架主承重梁采用钢箱结构，整机质量约1600t，最大浇筑跨径为75m(标准跨62.5m+悬臂端12.5m)，最大浇筑方量1100多方。引桥下部结构形式均采用实体花瓶式混凝土墩身，墩身最高达到了54m。

[北引桥62.5m移动模架]

前方施工
车辆慢行
20

[北引桥移动模架拼装]

北引桥MSS62.5m移动模架采用空中组拼，创造了国内移动模架空中拼装高度(约41m)、拼装质量(约1500t)的记录。

1

2

3

4

1. 主梁分段拼装　　2. 主梁、鼻梁拼装完成　　3. 模板拼装　　4. 模架荷载试验

[南引桥移动模架拼装]

南引桥MSS62.5m移动模架采用桥下组拼整体提升的拼装方案，创造了国内移动模架单次整体起吊高度最高(约42m)，整体起吊质量最大(约1300t)的记录。

1

2

3

4

1. 主梁桥下拼装　2. 主梁首次提升及空行试验　3. 主梁提升到位拼装模板　4. 模架荷载试验

[移动模架施工]

流程：拆除、转运后支腿→安装于模架主梁前悬臂端→模架开模→模架首次纵移→后支腿前移过孔变为前支腿→模架二次纵移就位→模架合模→开始下一节段箱梁施工。

时间参数：组拼及试验约100天，节段施工周期17～20天，横移就位约70天。

1

2

3

1. 模架后退　　2. 下放模板　　3. 主梁横移换幅

[MSS62.5m移动模架开模纵移]

2.3.3 MSS45m、30m移动模架

1

2

[MSS45m、30m移动模架施工]

45m、30m跨引桥箱梁采用下行式移动模架施工。其中，移动模架成功采用整体换幅的施工方法，大大缩短工期、节省造价，为国内下行式移动模架换幅施工提供了很有借鉴价值的施工方案。

时间参数：组拼约60天，节段施工期12～15天，换幅就位约45天。

5

1. MSS45m模架整体提升　2. MSS45m模架开模纵移　3. MSS45m模架整体横移
4. MSS45m模架换幅完成　5. MSS30m模架施工

3

4

2.3.4 MSS47m移动模架

1

2

3

1. 斜交模架的加长后锚点及C形梁
2. 模架在斜交牛腿上开模、纵移
3. 安装斜交墩模板

[MSS47m斜交移动模架施工]

MSS47m移动模架为国内首台可用于斜交箱梁施工的下行式移动模架。

2.3.5 高强混凝土施工

1

2

3

1. 粘贴不锈钢板

2. 箱梁钢筋绑扎

[箱梁混凝土施工]

引桥施工过程采取了一系列混凝土质量控制措施，取得了很好的效果：

(1)首次在非海洋环境下的箱梁高强混凝土中使用矿物混合料，改善混凝土施工和易性，有效控制大跨径现浇箱梁温度裂缝的产生，提高了箱梁的耐久性；

(2)在移动模架外模板加贴不锈钢板，使脱模后清水混凝土产生镜面效应，大大改善了混凝土外观质量；

(3)改善传统的养护方法，混凝土未初凝即进行覆盖养护，有效控制了顶板裂缝的产生。

4

3. 混凝土覆盖养生　　4. 模架施工质量效果

2.3.6 墩身施工

2

3

4

墩身模板采用无对拉螺杆设计，有效改善了墩身外观质量。

1. 墩身施工质量效果　2. 无对拉螺杆墩身模板　3. 墩身施工　4. 墩身养护

2.3.7 新材料应用

[环保型清水混凝土施工]

结构物混凝土养护期过后，混凝土内部结构未受污染且外表面色泽相对稳定期间，通过严格施工工艺清洗混凝土基面和修补缺陷，形成表面光洁且色泽一致的清水混凝土基面。在清水混凝土基面喷涂一种全效无色透明化学渗透型无机混凝土防护材料，利用保护材料对混凝土中碱和湿气有亲和力原理，渗透进入混凝土深层，与碱性成分(氢氧化钙等)反应生成无机密封胶体，该密封基材经过晶化后变成混凝土永远的一部分，并形成致密的透气不透水清水混凝土，令混凝土获得防水、除尘、防污、防潮、防酶化、防辐射和抵抗酸碱物及氯化物的侵蚀等功能，并由此大大延长混凝土使用寿命。

1

1. 防护材料施工8个月后的效果
2. 防护材料使用前后对比
3. 基面缺陷修补
4. 喷洒防护材料
5. 大桥混凝土路缘石采用防护材料加氟碳面漆使用1年后的效果

2

3

4

5

2.4 龙头山隧道

2.4.1 设计说明

龙头山隧道是国内第一条双洞分离式八车道高速公路长隧道，是广州珠江黄埔大桥的关键工程之一，左线长1010m，右线长1006m，单洞净宽2×18m，净高8.95m。最大埋深98m，最大开挖宽度21.6m，最大开挖深度13.58m，扁平率0.63。左右线进口最小净距23m，出口净距20.8m。受洞口地形地貌和油库、公园、古庙等建筑物影响，隧道具有大跨、扁平、浅埋、偏压、间距小等施工难点。

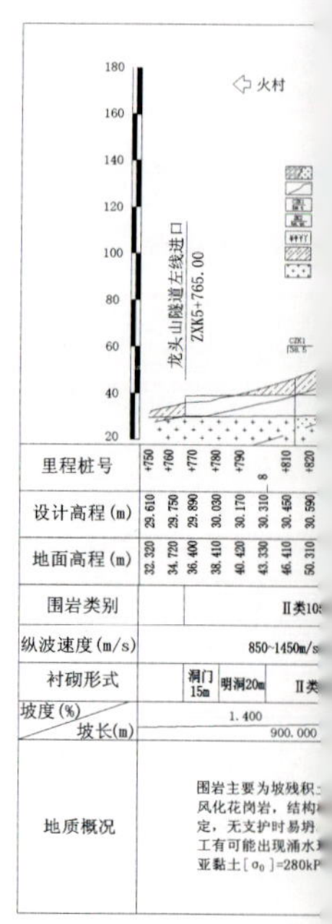

2

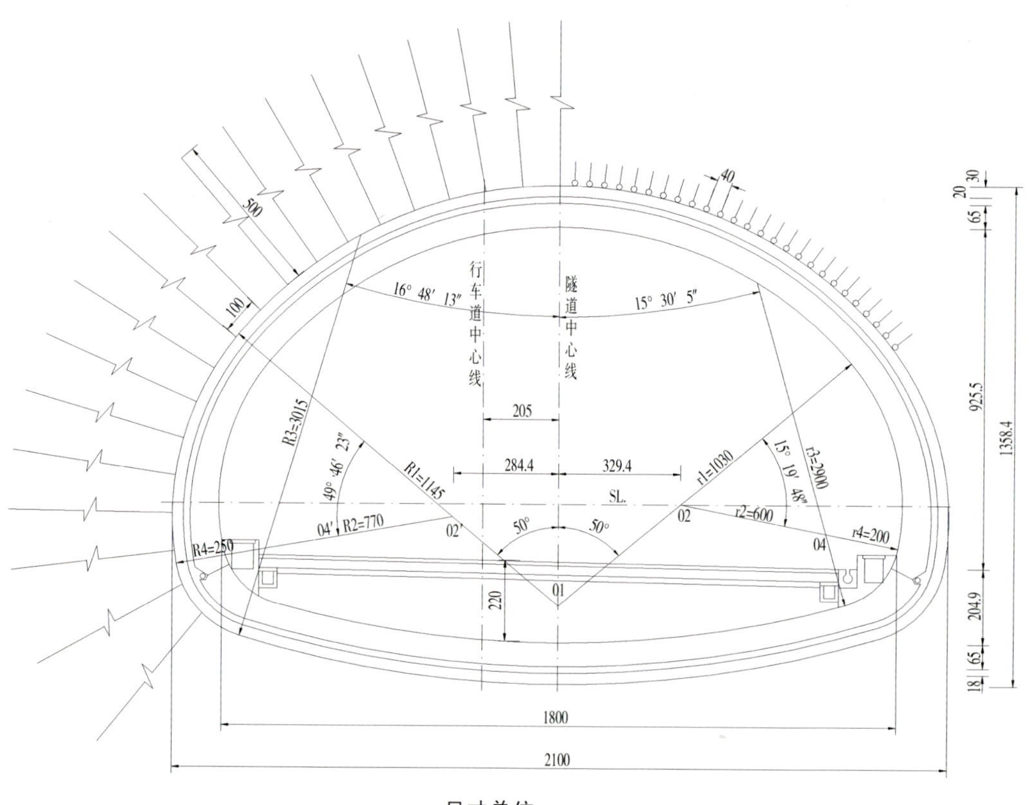

1

1. 隧道Ⅱ类浅埋结构设计　　2. 纵断面图　　3. 隧道内部全景

坡残积土
全-强风化花岗岩
弱、微风化花岗岩
第四合同段
第五合同段
分界桩号 ZXK6+265
化龙
弱、微风化花岗岩
坡残积土
全-强风化花岗岩
龙头山隧道左线出口 ZXK6+775.00
Ⅳ类70m
Ⅴ类580m
Ⅳ类20m
Ⅲ类70m
Ⅱ类105m
3300~3900m/s
3900~4700m/s
2500~3200m/s
850~1450m/s
Ⅳ类复合式65m
Ⅴ类复合式570m
Ⅳ类 15m
Ⅲ类复合式70m
Ⅱ类深埋 10m
Ⅱ类浅埋复合式85m
明洞 8m
洞门 12m
+250 36.610
-1.008
754.799
围岩为弱、微风化花岗岩，节理较发育，岩石呈碎块状，镶嵌结构，侧壁基本稳定，拱部无支护时可产生局部塌陷。隧道开挖有可能出现滴水现象
围岩为微风化花岗岩，岩石坚硬，节理一般发育，岩石呈大块状结构，侧壁较稳定。隧道开挖，有可能出现滴水现象
围岩为强-弱风化花岗岩，节理发育，岩石呈碎石或块石状，以碎石状为主，隧洞侧壁不稳定，无支护时可产生局部坍塌。隧道开挖，有可能出现线状流水现象
围岩为坡积土及全-强风化花岗岩，结构松散，不稳定，无支护时易坍塌。雨季施工，有可能出现涌水现象。砂质亚黏土[σ_0]=280kPa

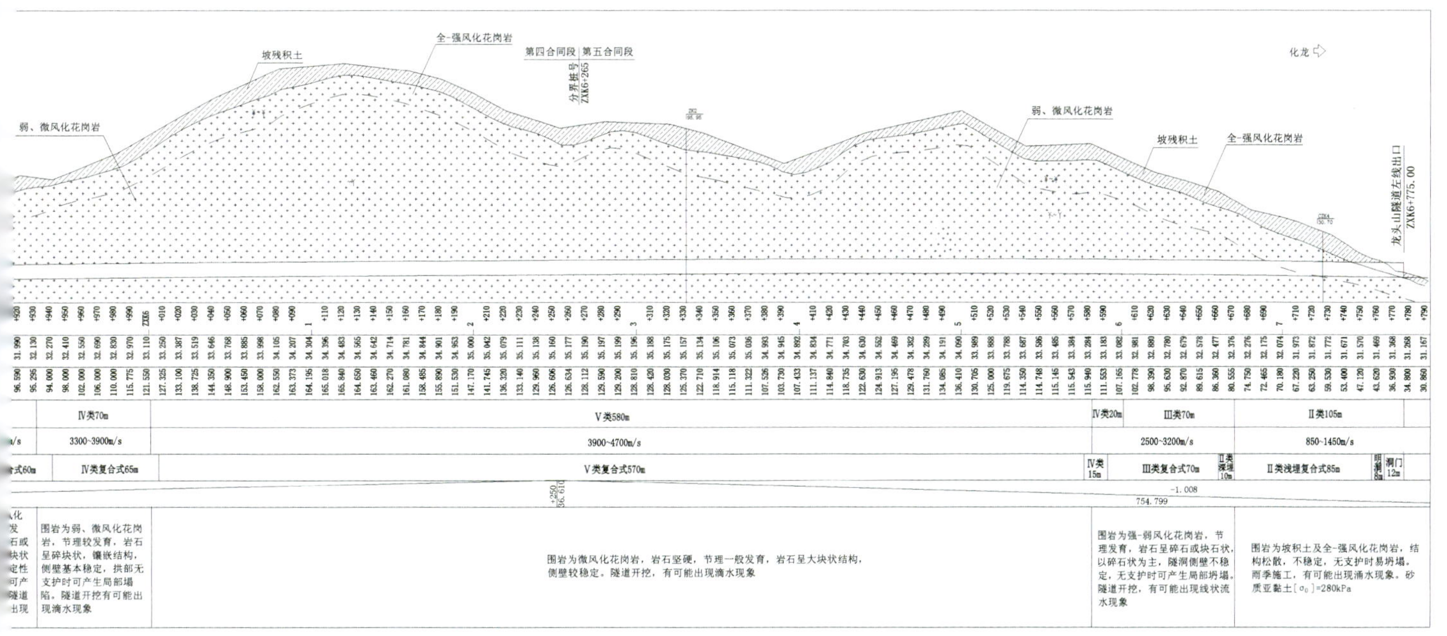

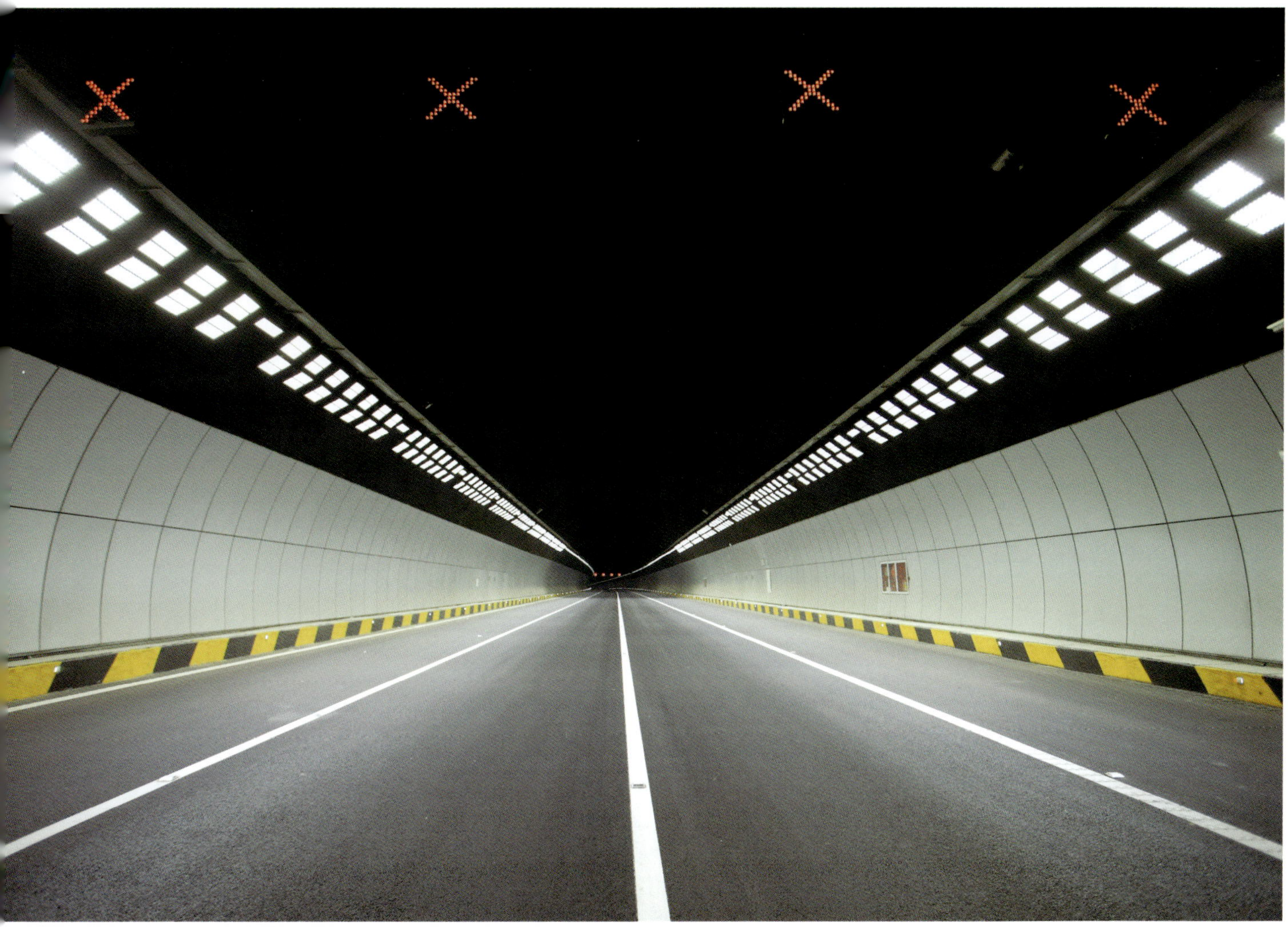

3

2.4.2 洞口段施工

1

2

3

[关键技术]

首次提出并验证了大跨径隧道“过程荷载”的计算理论和方法，比按现有隧道设计方法减小荷载40%左右。提出了大断面隧道的信息化施工方法，推进了大断面隧道设计和施工技术的发展。

7

4

5

6

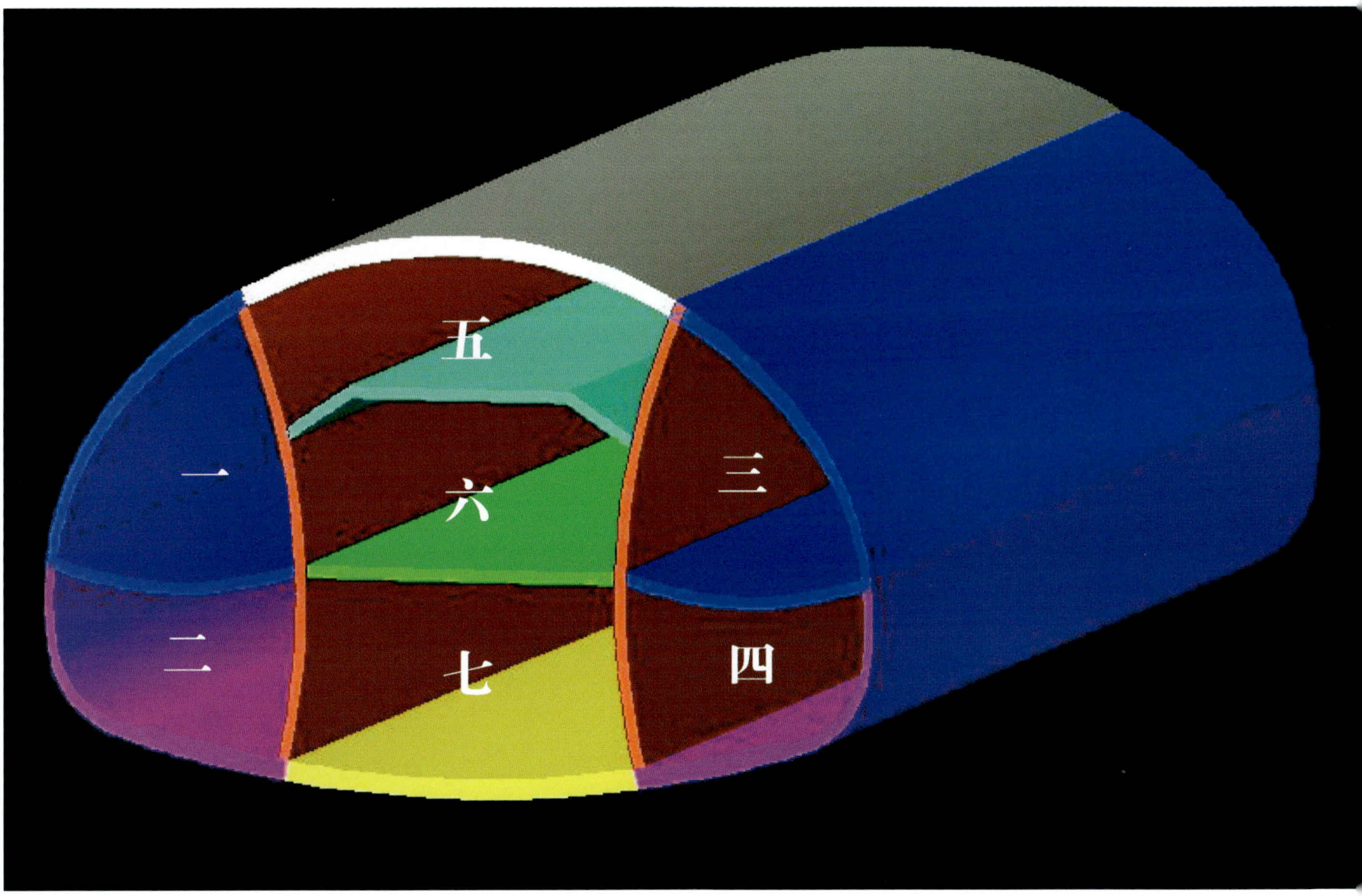

8

1. 隧道出口地貌　2. 管棚施工　3. 上导洞开挖
4. 下导洞开挖　5. 核心土开挖　6. 喷射混凝土
7. 二次衬砌施工　8. 开挖模型

2.4.3 洞身段施工

[关键技术]

提出了在硬岩特大断面钻爆法隧道施工中采用中导洞超前再扩挖的分块减振开挖方法，可减振30%左右，保证了附近油库和隧道施工的安全。

1. 硬岩开挖工序图　2. 爆破设计图
3. 中导洞超前开挖　4. 上台阶开挖
5. 下台阶开挖　6. 导洞贯通

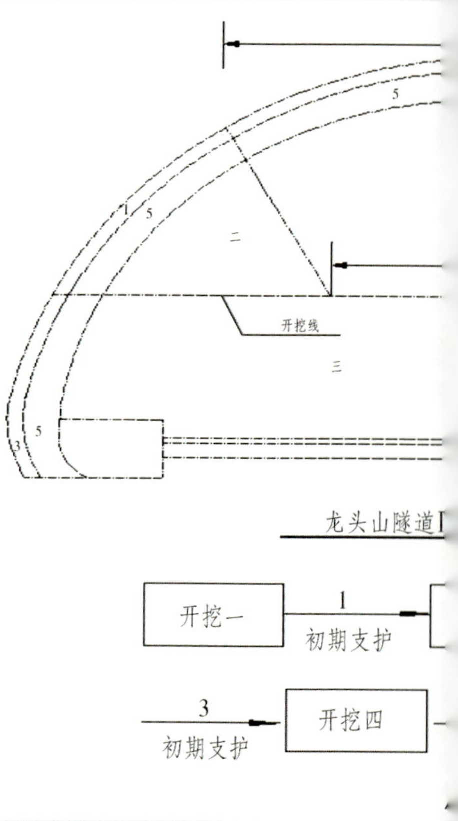

1

3

4

600
二
开挖线
四
施工方案图
2
初期支护
开挖三
开挖五

1200
55
65
600
1067
（一）
（二）
（三）
（四）
95
85
60
1953.4
炮眼布置图
尺寸单位:cm

2

5

中铁一局集团有限公司
青年突击队
2006年5月23日龙头山隧道左线胜利贯通

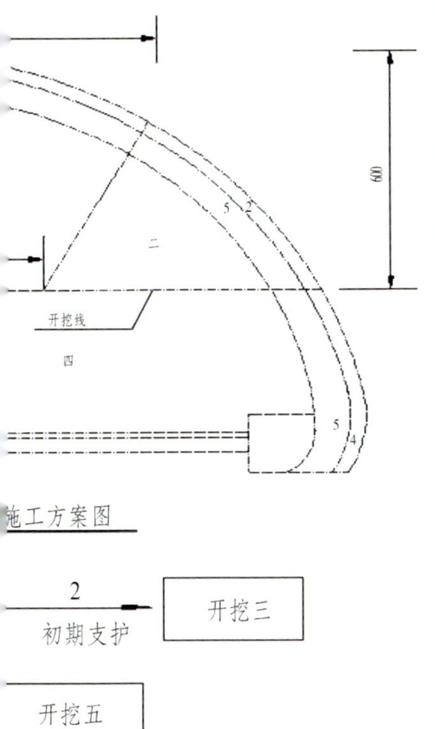

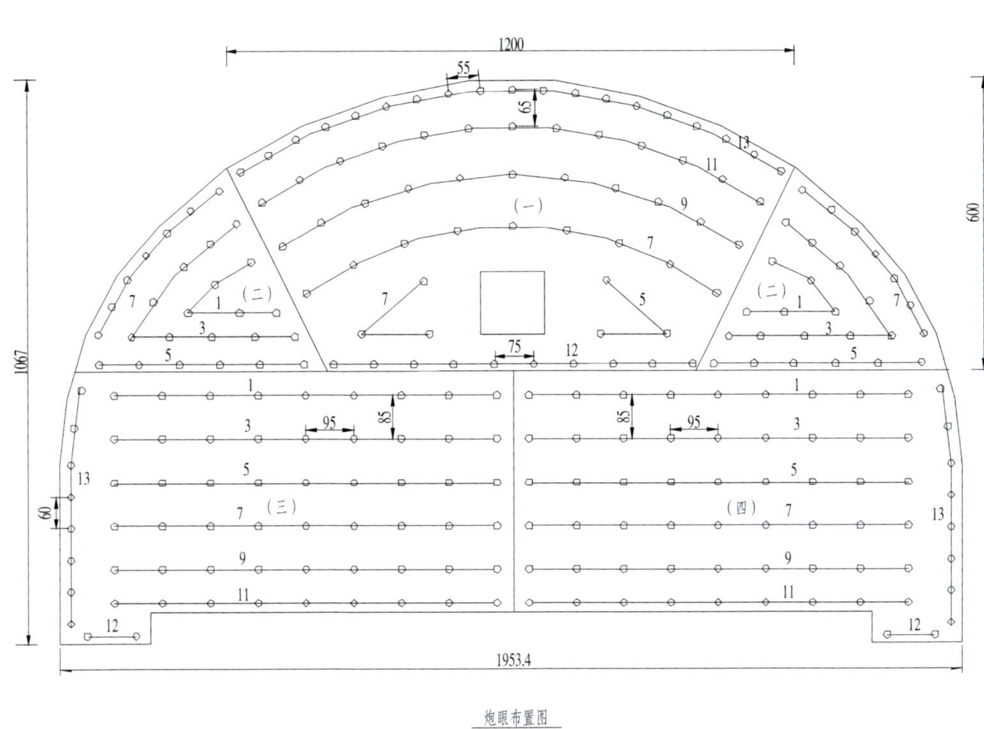

6

2.4.4 照明

1

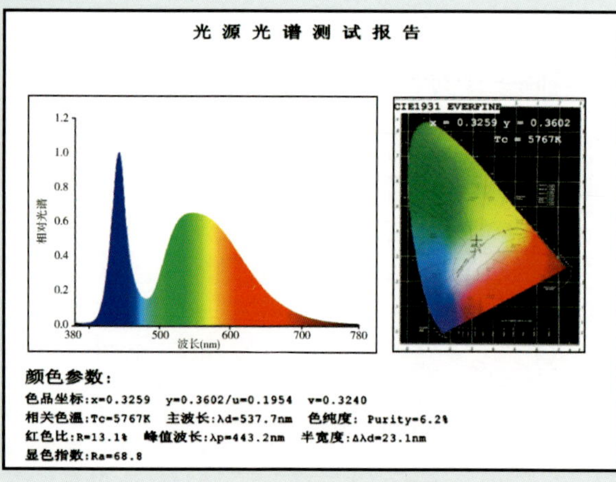

光源光谱测试报告

颜色参数：

色品坐标：x=0.3259 y=0.3602/u=0.1954 v=0.3240

相关色温：Tc=5767K 主波长：λd=537.7nm 色纯度：Purity=6.2%

红色比：R=13.1% 峰值波长：λp=443.2nm 半宽度：Δλd=23.1nm

显色指数：Ra=68.8

2

3

[关键技术]

系统进行了照明光源比选、灯具生产及安装标准、灯具合理布置以及显色性、色温和照度关系等照明标准问题的研究，提出了LED光源的隧道照明设计、施工和质量验收标准，并编制了《公路隧道LED照明企业标准》。将LED照明节能技术研究成果应用于依托工程，节能超过40%。

1. 照明光源　　2. 光源测试参数

3. 亮度测试准备　　4. 亮度测试

5. 《公路隧道LED企业标准》评审　　6. 照明跑车试验

6

4

5

2.4.5 数字化技术

[关键技术]

数字化平台管理技术建立了一个集勘察、设计、施工、监测于一体的信息化、数字化平台，首次实现了隧道建设过程中动态数字化管理和过程查询分析，为今后隧道运营、维修提供重要依据。

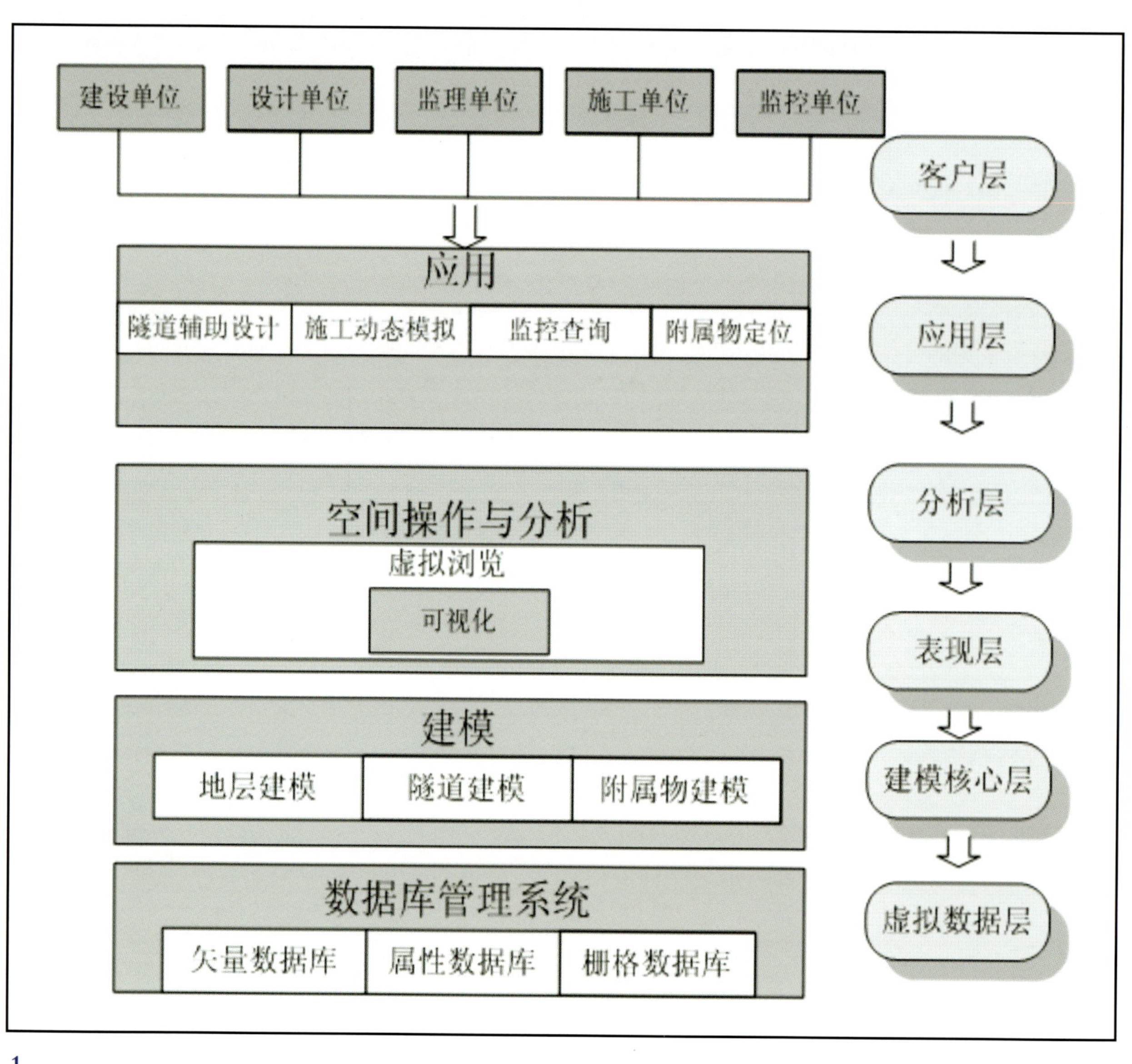

1

1. 研究思路　　2、3. 数据查询

龙头山隧道
隧道设计
隧道施工
施工开挖步骤说明
掌子面地质素描
掌子面岩性照片记录
隧道动态施工
动态展示设置
全程动态展示
查询施工进度
查询块段属性
动态增加块段
隧道进度属性查询
所属隧道
广州龙头山隧道
起点桩号
5047
所属区间
063
终点桩号
5058
施工开始日期
2005-11-04
施工长度
11
施工结束日期
2005-11-24
施工标段
四标段
施工部位
右导下台阶
施工单位
中铁十七局
确定
取消

2

AutoCAD 2007 - [Drawing1.dwg]

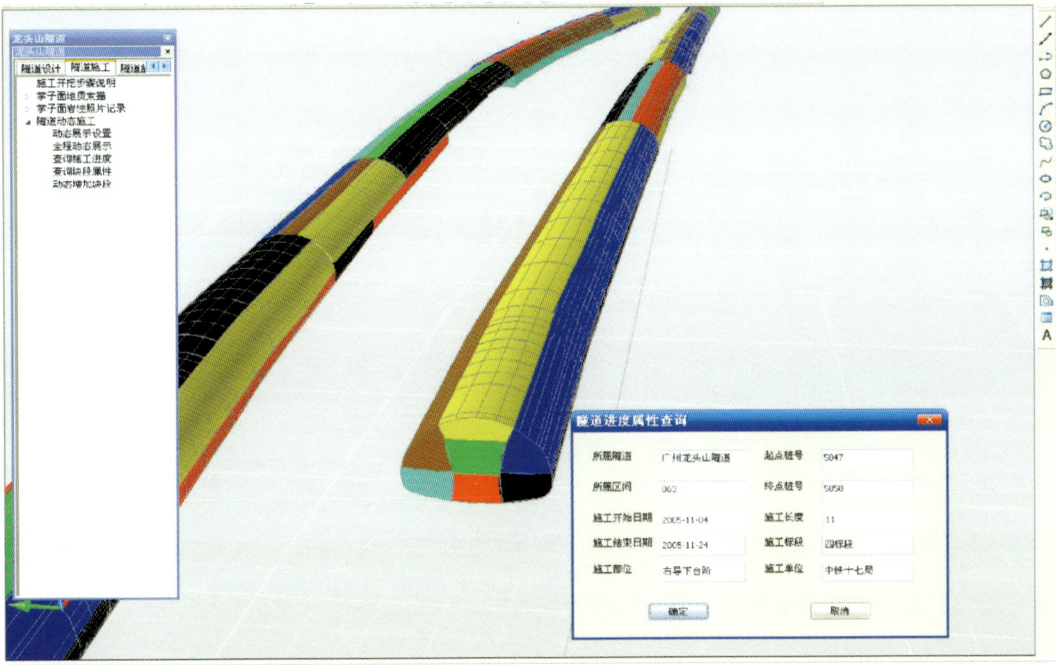

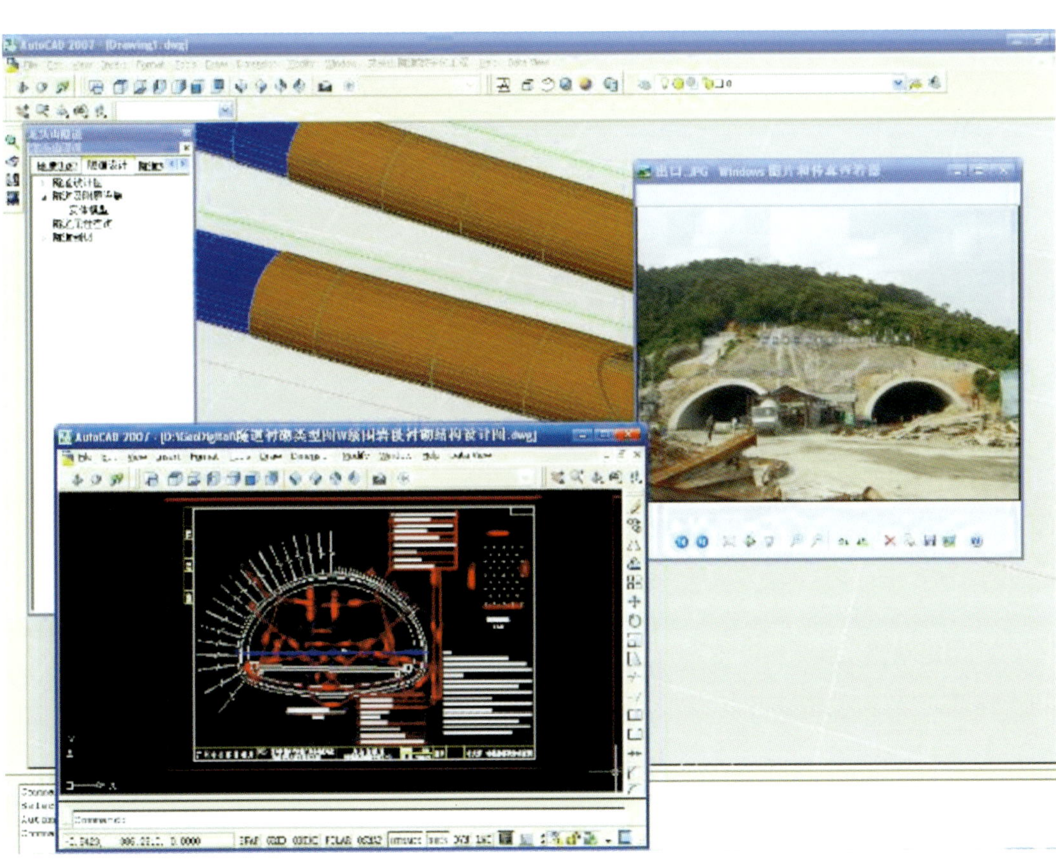

3

2.4.6 系统研究

在隧道设计和建设阶段，由建设单位组织开展系统研究。研究内容包括：
(1)特大断面隧道优化设计技术研究；
(2)特大断面隧道信息化技术研究；
(3)特大断面隧道地层、设计、施工、监控信息集成化技术研究；
(4)特大断面隧道施工及运营期的监控量测技术研究；
(5)特大断面隧道结构体系耐久性研究；
(6)特大断面隧道节能技术研究；
(7)特大断面隧道施工安全风险与时空效应研究；
(8)隧道阻燃式沥青混凝土研究。

1

3

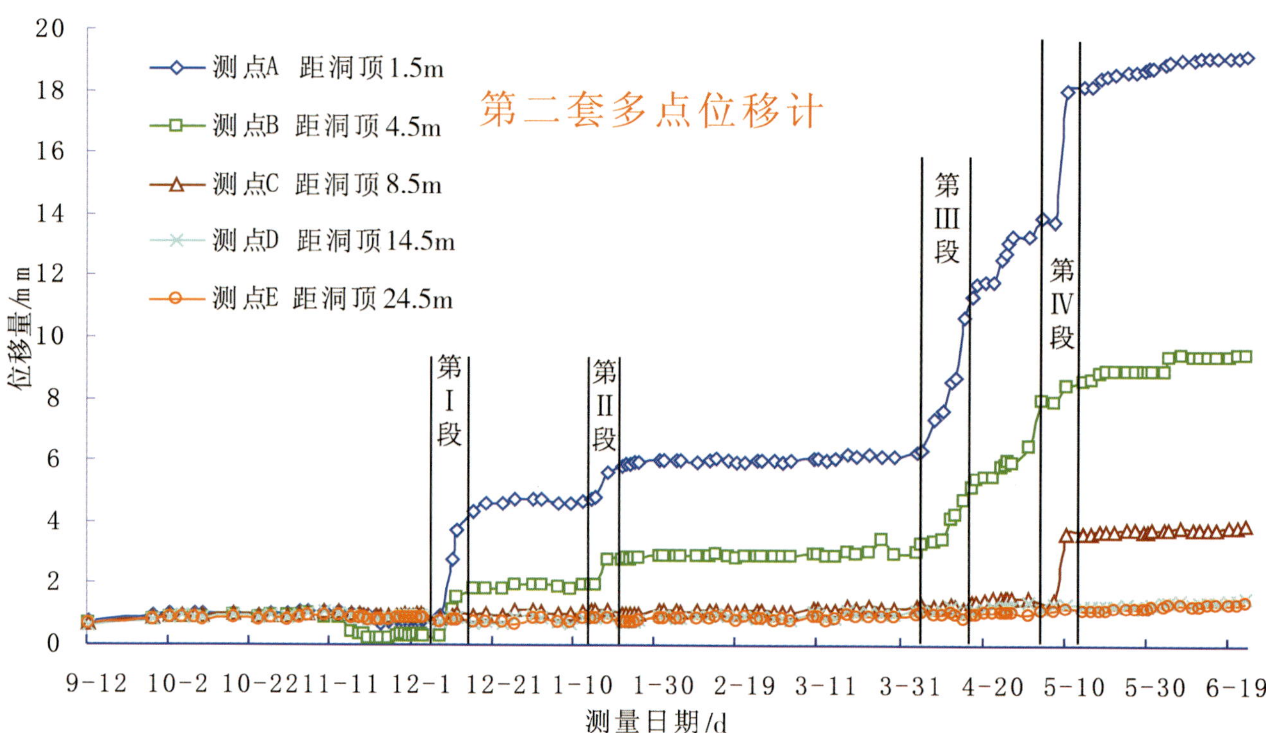

2

1. 埋设多点位移计　　2. 位移监测　　3. 科研鉴定

[创新成果]

王梦恕、周丰俊两位院士和多位国内知名专家参加了研究成果鉴定会，会议认为：研究成果总体达到国际先进水平，其中考虑施工过程的特大断面隧道荷载计算理论与方法、隧道动态信息化、数字化平台管理技术达到国际领先水平。

2.5 路基路面

2.5.1 环保理念

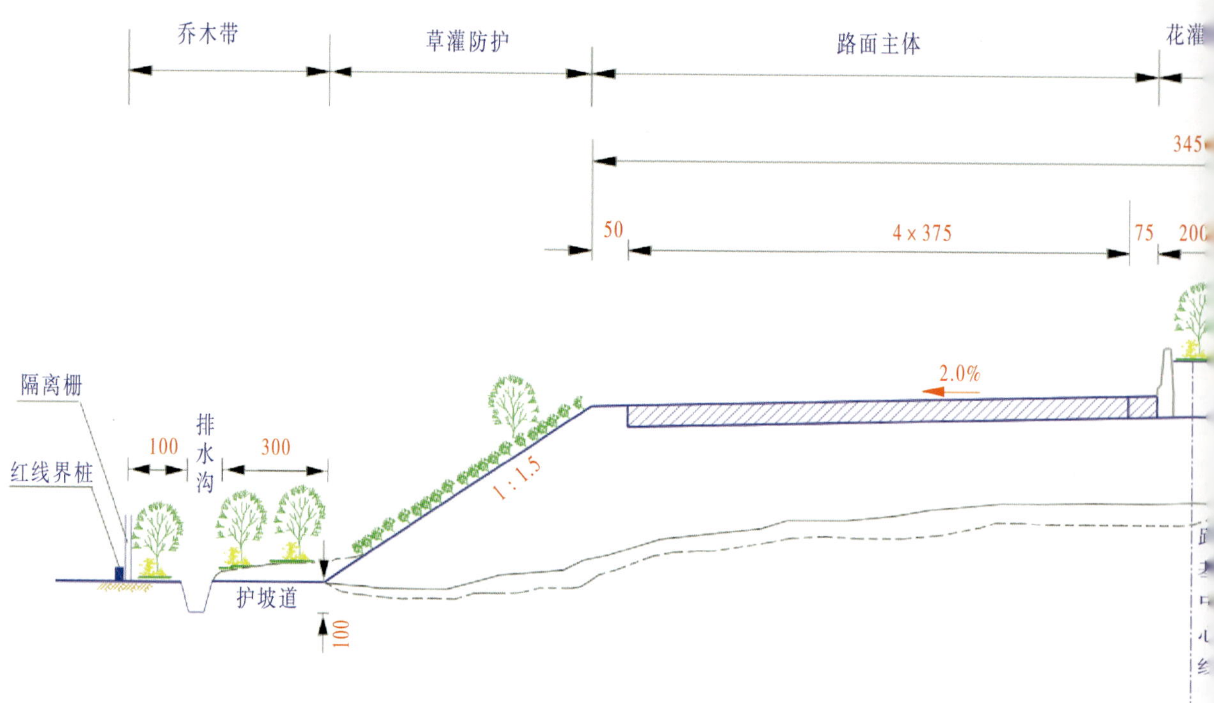

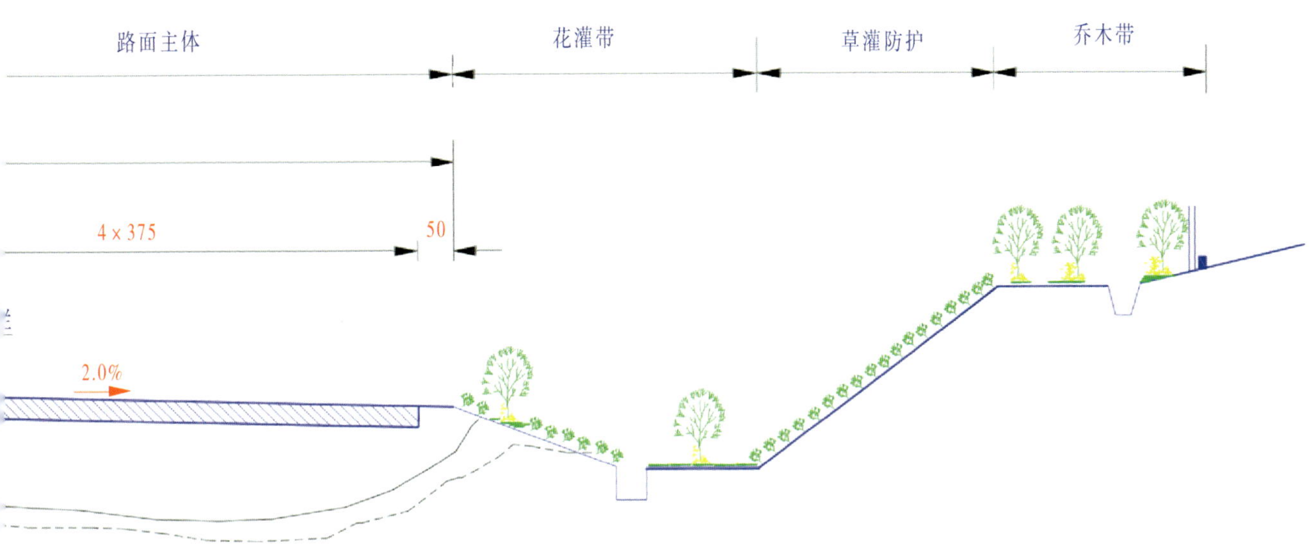

尺寸单位：cm

步骤：

(1)埋设红线界桩，距红线1m开挖排水沟或截水沟进行田路分隔；

(2)清除路基表土，弃填于护坡道按一定坡比自然整平；

(3)挖方边坡开挖和路基填筑，水沟两侧种植乔木带；

(4)路基边坡和挖方边坡的草灌防护绿化；

(5)路面工程施工。

[路基环保理念]

推行绿色环保、和谐发展的文明建设管理理念。推行严格的分项工程开工制度和阶段性的综合评比及验收制度；推行主体工程与附属工程同步建设、同步投入使用，甚至附属先于主体的文明施工控制方式；推行工程开工前实行严格的田路分隔方式，最大限度地减小外界对施工的干扰，并有效地防止施工对周围环境及农田基本建设的影响。

路面施工时，道路两旁已绿树成荫。

2.5.2 钢桥面

1

2

3

6

[美国环氧沥青混凝土]

钢桥面行车道采用环氧沥青混凝土铺装，厚度为6cm，分两层摊铺，中央分隔带采用6cm厚浇筑式沥青混凝土，检修道采用12mm厚彩色塑胶铺装层，实现了桥面铺装使用功能与美观的完美结合。

4

5

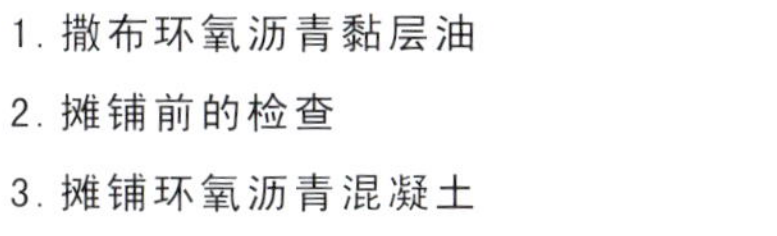

1. 撒布环氧沥青黏层油
2. 摊铺前的检查
3. 摊铺环氧沥青混凝土
4. 筛料
5. 修边
6. 碾压
7. 夯边

7

1

3

2

[日本环氧沥青混凝土]

1. 黏层油涂布　　2. 摊铺　　3. 碾压

[中央分隔带浇筑式]

采用专用cooker运输，专用摊铺设备摊铺。

1

2

1. 中央分隔带摊铺
2. 成品效果

[人行道塑胶]

采用塑胶跑道材料施工，保证边角部分的施工质量，同时增强了桥面的美观性。

1

2

1. 检修道铺装
2. 成品效果

2.6 管理创新

[创新概况]

提出"执行控制"理念，在提出执行控制理念的基础上，构建了由目标子系统、组织子系统、CPF子系统、信息化子系统、文化子系统、评价子系统组成的公路工程建设执行控制体系，解决了工程建设领域执行力不足、缺乏系统的管理标准和指南的问题。

研制以合同化、程序化、格式化和信息化为核心内容的"CPFI"执行控制成套技术，编制了6大类86项管理制度和办法的合同化管理内容，1335张管理用表的格式化管理内容，102个管理流程的程序化管理内容，建设过程中实现了管理目标合同化、管理内容格式化、内容执行程序化、执行手段信息化的公路工程规范化管理。

开发以执行控制体系为指导、工程单元信息控制技术为基础的公路建设管理信息系统；提出一种以执行控制为导向，以制度文化为重点，以行为文化为表现的公路工程项目执行控制文化；研究了执行控制组织系统的构成与运行机制。

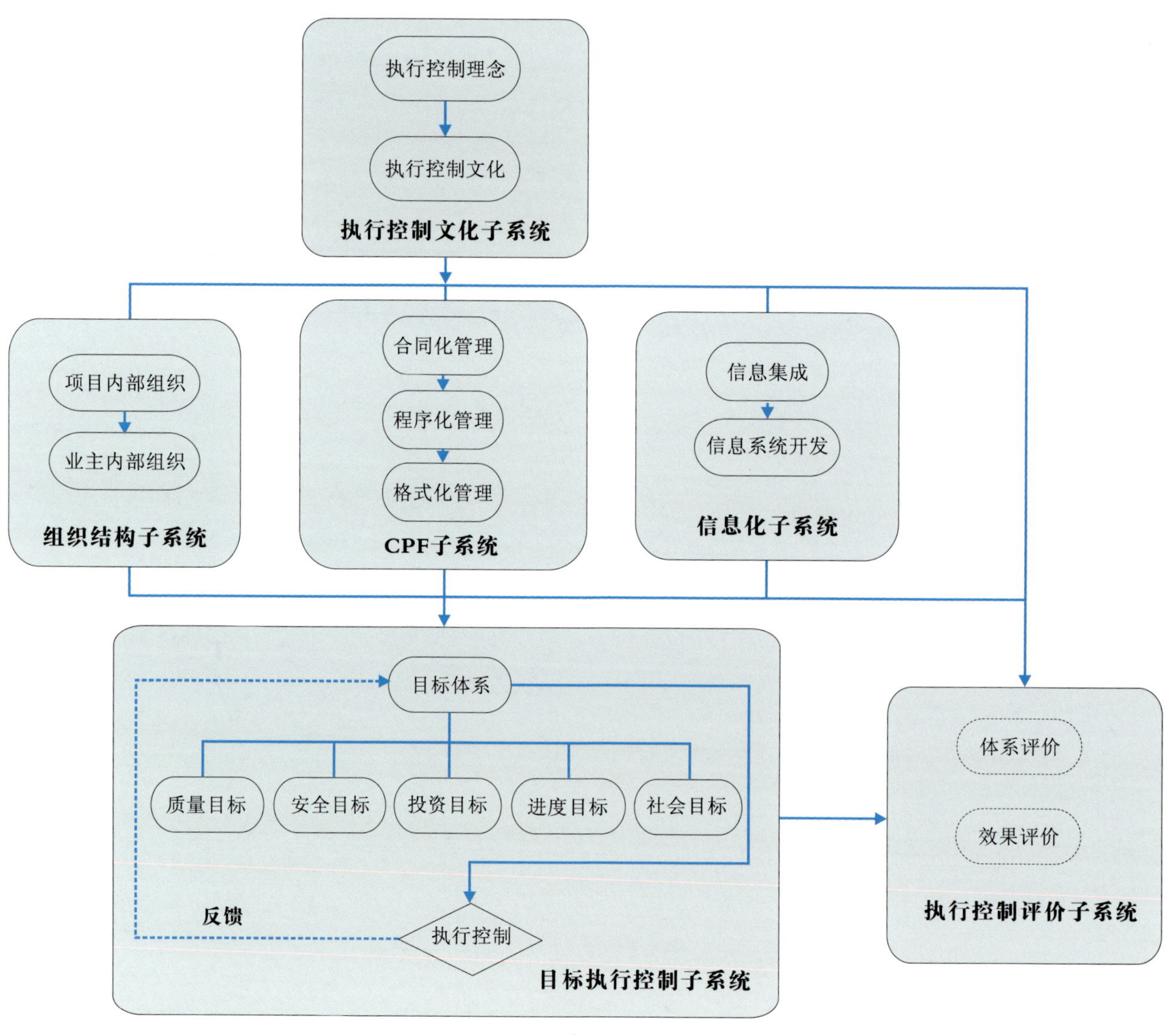

1

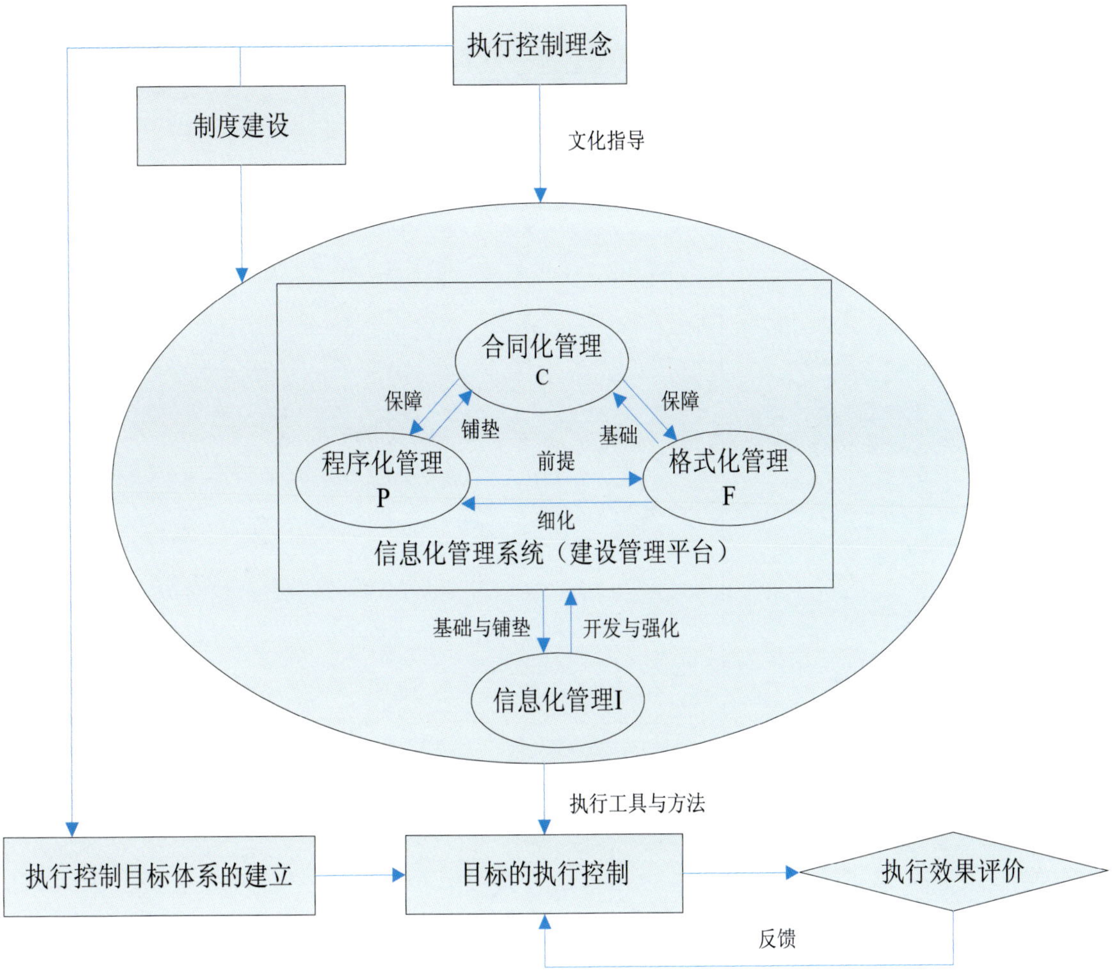

执行控制理念
制度建设
文化指导
合同化管理
C
保障
铺垫
保障
基础
程序化管理
P
前提
格式化管理
F
细化
信息化管理系统（建设管理平台）
基础与铺垫
开发与强化
信息化管理I
执行工具与方法
执行控制目标体系的建立
目标的执行控制
执行效果评价
反馈

2

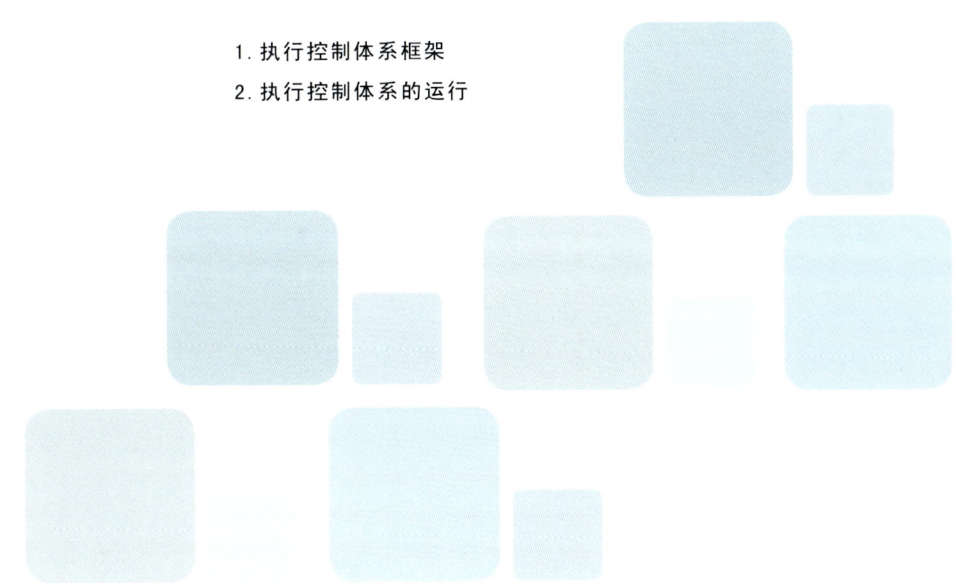

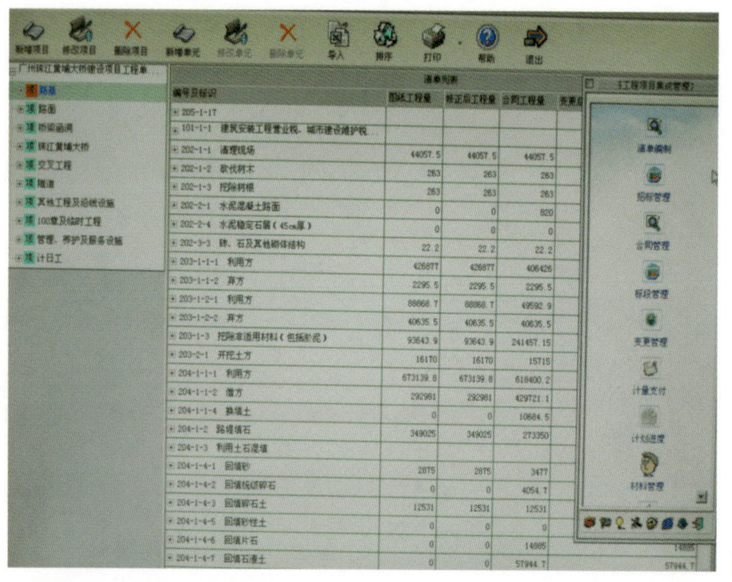

1

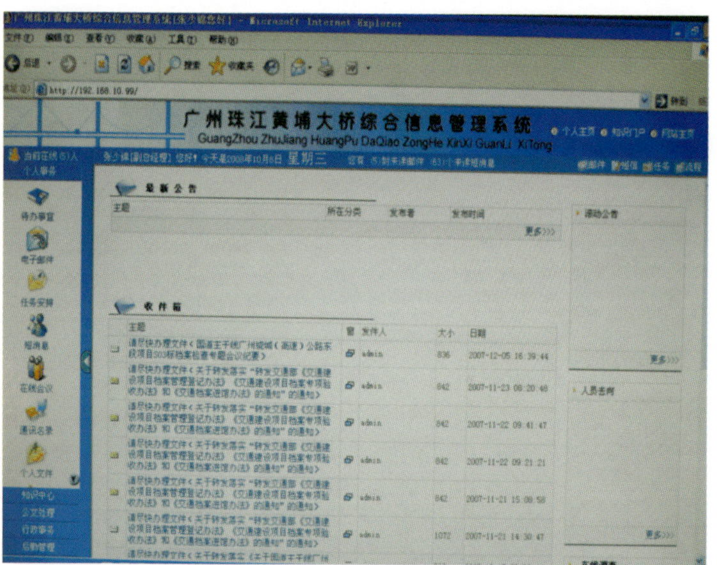

2

3

[执行控制技术创新平台]

在执行控制基础平台的支撑下，技术创新平台由四个要素组成，即弹性组织、有效资源、实现手段以及依托工程，这四个要素共同作用形成一种合力，也就是项目的技术创新能力。

执行控制技术创新平台运行的金字塔

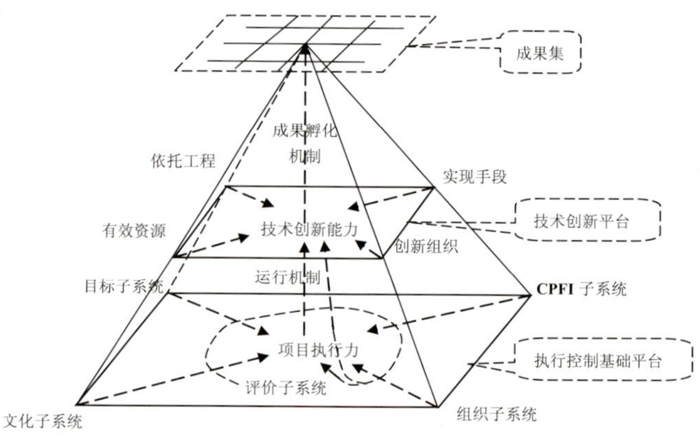

1. 执行控制建设管理系统
2. 综合办公信息系统
3. 图文档案信息系统

珠江黄埔大桥特大桥隧工程建设关键技术研究成果创新一览表

序号	课题名称	成果水平
课题一	公路工程建设管理的执行控制体系研究	国际先进，成果申报中
课题二	珠江黄埔大桥关键技术研究	
子题一	大跨径桥梁变形卫星定位监测系统的研究	待鉴定
子题二	大跨径悬索桥上部安装和大吨位斜拉桥钢箱梁吊装新技术研究	待鉴定
子题三	悬索桥锚碇设计与施工技术研究	获2008年度中国公路学会科学技术进步一等奖
子题四	珠江黄埔大桥长寿命斜拉索耐久性技术研究与应用	国际先进，成果申报中
子题五	钢箱梁桥面铺装与运营环境关键技术研究	国际领先
课题三	双洞八车道高速公路隧道关键技术研究	获2008年度广东省科学技术进步一等奖，获2008年度中国公路学会科学技术进步特等奖
课题四	桥跨62.5m移动模架制造与施工技术研究	国际领先，成果申报中

而或挥手豪情，气魄冲天；
而或语重心长，鼓舞向心；
而或顶天烈阳，而或如倾冰雨；
而或日升长桥，金鳞波光；
而或皓月千里，金桥星尘；
千日夜，记忆水恒。

工程记忆

【国道主干线 广州绕城公路东段 （珠江黄埔大桥）项目】

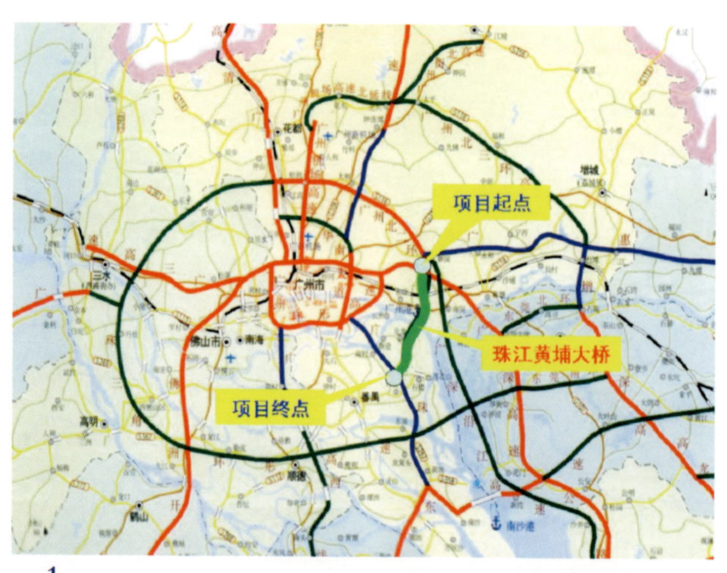

1

2

3

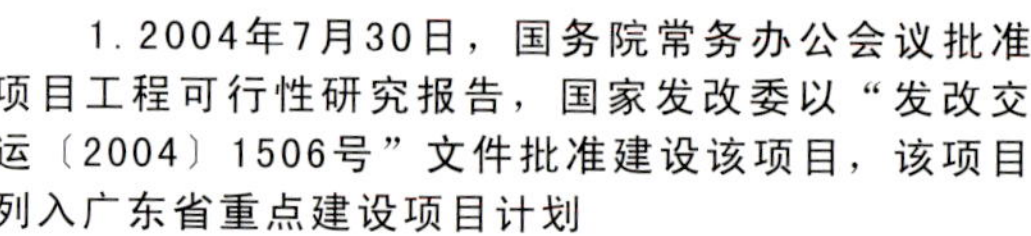

1. 2004年7月30日，国务院常务办公会议批准项目工程可行性研究报告，国家发改委以“发改交运〔2004〕1506号”文件批准建设该项目，该项目列入广东省重点建设项目计划

2. 2004年11月10日，交通部以“交公路发〔2004〕612号”文件正式批复该项目的初步设计

3. 2004年12月23日，项目举行开工仪式

4

5

6

7

隧道进洞前施工

8

9

4. 2005年4月5日，珠江黄埔大桥通过通航安全论证，海事部门下发大桥水上水下施工许可证，大桥正式开工建设

5. 2005年4月18日，悬索桥主塔、锚碇地连墙正式开工

6. 2006年3月8日，悬索桥南锚碇基础施工顺利完成

7. 2006年3月15日，悬索桥北锚碇基础施工顺利完成

8. 2005年5月10日，龙头山隧道正式开挖

9. 2006年5月5日，大桥引桥MSS62.5m移动模架混凝土施工首次浇筑

"热烈庆贺龙头山左线隧道胜利贯通"

10

中铁一局集团有限公司
"热烈庆贺龙头山右线隧道胜利贯通"

11

国道主干线广州绕城公路东段
(珠江黄埔大桥)科研项目立项申报评审会

12

13

热烈庆祝二公局北塔封顶成功

14

15

10. 2006年5月23日，龙头山隧道左线中导洞贯通

11. 2006年6月21日，龙头山隧道右线中导洞贯通

12. 2006年7月，以“东二环特大桥梁和隧道工程建设关键技术研究”为总课题的科研项目被广东省交通厅列为“交通行业重点攻关项目”

13. 2006年7月17日，交通部部长李盛霖在广东省、广州市领导的陪同下视察珠江黄埔大桥建设

14. 2006年9月24日，悬索桥北塔封顶

15. 2006年10月2日，悬索桥南塔封顶

16. 2007年1月1日，悬索桥索鞍吊装完成

17. 2007年1月13日，悬索桥先导索成功过江，标志着珠江黄埔大桥上部结构安装进入实质性施工阶段

18. 2007年1月31日，斜拉桥主塔顺利封顶

19. 2007年1月31日，悬索桥主缆索股制造正式开工

20. 2007年3月14日，悬索桥猫道架设顺利完成

16

17

18

20

19

21

24

22

23

25

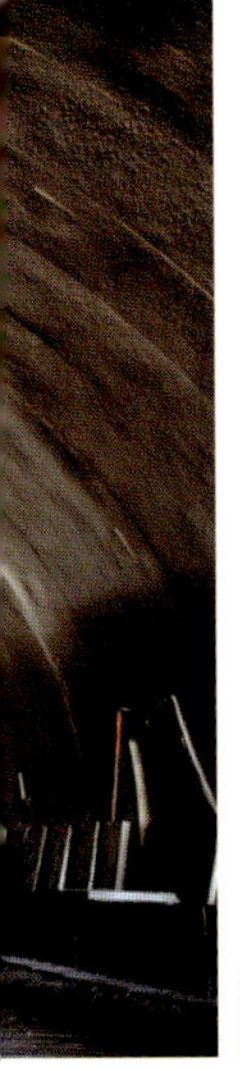

26

21. 2007年3月28日，悬索桥基准索架设完成

22. 2007年5月22日，斜拉桥首片钢箱梁吊装

23. 2007年5月25日，悬索桥主缆索股生产完工

24. 2007年6月10日，悬索桥主缆架设施工顺利完成

25. 2007年7月31日，龙头山隧道二次衬砌施工全部完成，隧道全面进入附属工程施工阶段

26. 2007年8月16日，悬索桥钢箱总拼制造圆满完成

27

28

32

29

30

27. 2007年8月26日，主缆紧缆与索夹安装完成

28. 2007年9月21日，悬索桥首段钢箱梁吊装成功

29. 2007年11月5～8日，第18届全国桥梁学术会议以广州珠江黄埔大桥项目为依托在广州隆重召开

30. 2008年1月15日，悬索桥顺利合龙

31. 2008年3月28日，斜拉桥顺利合龙

32. 2008年6月5日，珠江黄埔大桥全线贯通

31

34

33

36

37

33. 2008年9月28日，斜拉桥荷载试验完成

34. 2008年10月12日，钢桥面日本环氧沥青混凝土铺装全部完成

35. 2008年10月18日，悬索桥荷载试验完成

36. 2008年11月8日，项目整体通过交工验收

37. 2008年12月16日，国道主干线广州绕城公路东段（珠江黄埔大桥）项目正式通车

35

附件　主要参建单位简介

单位主体	单位名称	工作内容
建设单位	广州珠江黄埔大桥建设有限公司	筹建（融资、报批、征地等）与建设（选择参建单位，组织开展技术攻关，制定建设目标和执行控制）管理
设计单位	中交第一公路勘察设计研究院	路线总体设计与北汊斜拉桥、北引桥工程设计
	中交公路规划设计院有限公司	大桥总体与南汊悬索桥及中引桥、南引桥设计
	北京交科公路勘察设计院	全线交通工程设计
监理单位	西安方舟与广州诚信监理联合体	起点至斜拉桥及路面工程监理
	武汉桥梁建筑工程监理公司	悬索桥至终点及特殊构件制造监理
	广东省公路工程监理站	交通及房建工程监理
大桥主要施工单位	广东省长大公路工程有限公司	悬索桥上部结构安装，南塔和南锚工程，大桥南引桥和中引桥上部构造
	中交第二公路工程局有限公司	悬索桥北塔、北锚碇以及中引桥下部构造
	中铁大桥局集团有限公司	斜拉桥和北引桥，包括斜拉桥土建工程和上部结构安装施工，北引桥62.5m移动模架施工
	路桥华南工程有限公司	南引桥62.5m移动模架施工
	江苏法尔胜股份公司	悬索桥及斜拉桥全部缆索的加工制作，包括主缆11797.2t、吊索568.62t，斜拉索1373t
	中铁宝桥集团有限公司	承制黄埔大桥悬索桥钢箱梁，全桥钢箱梁共分87段，总用钢量约2万t
	武船重型工程有限公司	承制黄埔大桥斜拉桥钢箱梁，全桥段钢箱梁共分52，总用钢量约1.5万t

主要施工单位简介

广东省长大公路工程有限公司（简称"长大公司"）是广东交通集团属下大型的公路施工企业，具有五十多年的辉煌历史，拥有国家公路工程施工特级资质，荣获ISO 9002国际质量体系认证和OSHMS 18000职业健康安全体系认证，以公路、桥梁、隧道施工为主要产业，2000年经外经贸部批准具备对外经营权。

公司在几十年发展历程中，依靠科技、以人为本、开拓创新、艰苦创业，始终致力于为社会、为业主提供质量最优的公路产品，推动了广东以至中国公路建筑行业的发展，在国内同行享有盛誉。主要业绩：洛溪大桥，1990年获国家优质工程银质奖，1991年获交通部优质工程一等奖，1993年被评为全国改革开放十大工程之一，2000年获中国首届土木工程（詹天佑）奖；虎门大桥，标志着20世纪中国桥梁建设最高成就，长大公司独立施工的辅航道桥270m预应力连续刚构桥，跨径居世界同类桥梁之首；还有汕头礐石大桥、厦门海沧大桥、新会崖门大桥、南宁永和大桥、湛江海湾大桥、深圳湾公路大桥……一座座桥梁就是一座座丰碑，见证了长大公司历史的辉煌。

MBEC 中铁大桥局集团有限公司

中铁大桥局集团有限公司(简称中铁大桥局)是中国中铁股份有限公司（A股601390和H股0390）旗下的全资子公司，前身为1953年4月为修建武汉长江大桥经政务院批准成立的铁道部大桥工程局（2001年改制为现名），是中国唯一一家集桥梁科学研究、勘测设计、工程施工、机械制造四位于一体的大型工程公司，具备在各种江、河、湖、海及恶劣地质、环境条件下修建各类型桥梁的能力。公司具有铁路工程施工总承包特级，公路工程、市政公用工程施工总承包壹级，桥梁工程、隧道工程、钢结构工程、公路路基工程专业承包壹级，城市轨道交通工程专业承包、港口与海岸工程专业承包壹级资质。

公司在国内外设计建造了1100余座大桥，总里程1200余公里，并先后参加了铁路干线和高等级公路建设。修建了一大批精品名优工程，获得了一大批奖项，其中，获国家科技进步奖25项，国家优质工程金质、银质奖9项，中国建筑工程鲁班奖19项，詹天佑大奖10项，创中国企业新纪录26项，拥有有效专利63项。已建知名大桥包括我国公铁两用大桥的四座里程碑——武汉、南京、九江、芜湖长江大桥，我国第一座真正意义上的跨海大桥——东海大桥，世界最高海拔铁路青藏铁路上的标志性工程——拉萨河特大桥，港澳地区标志性建筑——澳门西湾大桥等。

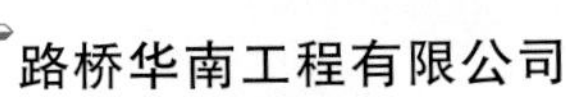

路桥华南工程有限公司

路桥华南工程有限公司（简称“路桥华南”）是路桥集团国际建设股份有限公司（简称“路桥建设”）旗下的控股子公司。2002年6月，“路桥华南”被建设部核定为公路工程施工总承包一级资质和公路路基工程专业一级、公路路面工程专业一级、桥梁工程专业一级资质企业。公司具有承建梁式桥、悬索桥、斜拉桥、拱桥等各类桥梁和高等级公路路基、路面等公路工程的施工能力，可同时承建40多项公路桥梁工程，在国内建筑行业享有很高的声誉。

在40余年的发展历程中，“路桥华南”承建了多座高、特、难、新的大型桥梁。公司参与建设的我国第一座真正意义的跨海大桥——上海东海大桥获“中国建筑工程鲁班奖”；江苏连徐路京杭运河特大桥、福建厦门海沧大桥（当时亚洲第一、世界第三的飘浮体系悬索桥）获“詹天佑土木工程大奖”；广东顺德容奇大桥、浙江杭州下沙大桥、重庆忠县长江大桥、重庆万州长江二桥获“国家优质工程银质奖”；广东佛山东平大桥荣获“全国市政金杯示范工程”和“广东省市政优良样板工程”称号；浙江杭州下沙大桥、杭州湾跨海大桥获“钱江杯”奖；杭州湾跨海大桥（世界最长的跨海大桥）获得2008年度“甬江建设杯”。此外，公司还参与建设了有单向坡居悬索桥世界第一的沪蓉西四渡河特大桥，有华南第一桥之称的珠江黄埔大桥等一系列著名工程。

江苏法尔胜股份公司

江苏法尔胜股份公司（原江苏钢绳股份有限公司），是由国家一级企业法尔胜集团公司控股的上市公司。公司是国务院批准的机电产品出口基地，首批获自营进出口权企业，江苏省现代企业制度试点单位。

公司以科技为翅膀，合时代之节拍，走集约化、多元化发展之路，具有“高、精、尖、小”特色的金属制品新材料，广泛应用于通信、航空、交通、医疗、军事、轻工、化工、运输、矿山和现代建筑等方面，共计18大系列800多种规格品种。公司在国内同行中率先通过了ISO 9001质量体系认证，先后取得了美、英、法、欧盟及中国检测中心等权威认可证书，成为世界级的合格供应商，产品享誉全球，出口创汇居全国同行榜首。公司与比利时、意大利、日本、新加坡、中国台湾等国家和地区合资合作，建成了国内最大的钢帘线生产基地、最大的桥梁用缆索生产基地、最大的现代大型建筑新材料生产基地、最大的不锈钢丝生产基地、最大的机动车拉筋绳生产基地。路桥产业是江苏法尔胜股份有限公司发展的主要支柱产业之一，该公司从1992年与台湾合资兴建江阴华新钢缆有限公司开始起步，从年产2万t大桥缆索用镀锌钢丝、年产6万t预应力混凝土用钢丝及钢绞线，到年产7.5万t大桥缆索，以及缆索用配套锚夹具的加工，经过近十年的发展，逐步形成了路桥用系列产品生产基地。

中铁宝桥集团有限公司

中铁宝桥集团有限公司是国内专业生产钢桥梁、钢结构、铁路道岔、高锰钢辙叉、城市轨道交通设备、门式起重机等产品的大型国有企业，是“中国100家最大交通运输设备制造业企业”之一，跻身于“中国机械行业500强”之列。公司被铁道部确立为“铁道器材研究发展基地”，被陕西省科委认定为“高新技术企业”。

公司长期承担国家重点工程项目建设和国家新产品的研究开发任务，不断创新管理模式，提升科技研发水平，使公司的产品市场占有率逐年扩大，主项产品的技术含量、工艺装备达到了国际先进水平，并先后获得国家优质工程金奖、国家科技进步一等奖、建筑工程鲁班奖、国家级新产品奖等60余项。有42项生产技术及工艺获得国家专利授权证书。“中铁宝桥”品牌受到社会和市场的广泛赞誉和认可。公司参与了汉江桥、南京长江二桥、西堠门大桥等重大桥梁工程的建设。同时公司生产的国内首组时速250km/h客运专线道岔和引进法国技术研制生产的350km/h客运专线道岔是国内目前技术含量最高的道岔产品，正广泛应用于全国各大铁路专线的铺设中。

武船重型工程有限公司

武船重型工程有限公司为武昌船舶重工有限责任公司的全资子公司，位于有着长江深水良港之称的武汉阳逻经济开发区，区位优势明显，水、陆、铁路运输便捷，是国内领先的现代化大型桥梁钢结构专业化制造企业。

公司主要从事钢结构桥梁、大型起重设备、体育场馆、高层建筑钢结构，兼营大型设备、水工金属结构制造与安装、港口设备安装、起重设备安装等业务。具有建设部颁发的钢结构工程、港口装卸设备安装工程、防腐保温工程、水工金属结构制作安装专业承包一级资质证书，钢结构协会特级资质。公司取得国家质量技术监督局颁发的三类压力容器制造许可证，中国船级社颁发的焊工考试委员会认可证书，是中国钢结构协会、中国交通协会的理事单位。公司取得了GB/T 19001质量管理体系、GB/T 28001职业安全健康管理体系、GB/T 24001环境管理体系认证证书和美国钢结构协会AISC认证机构颁发的桥梁钢结构、混合涂装、断裂构件认证证书。公司承建了杭州湾跨海大桥、西陵长江公路大桥、厦门海沧大桥、武汉军山长江大桥、贵州北盘江铁路大桥、拉萨柳梧大桥等50余座钢结构制造，是目前国内桥梁钢结构工程业绩最多的企业之一。参建的多个桥梁工程项目荣获“鲁班奖”、“詹天佑奖”和“建筑钢结构金奖”等部、省、市优秀工程大奖。公司“武船”牌桥梁钢结构产品获“湖北省著名品牌商标”、“湖北省名牌产品”、“中国优质名牌产品”。